大学生就业指导

——课程思政版

程秀清　李文平◎主编

本书编委会

前言

《大学生就业指导》教材，贯彻教育部印发的《大学生职业发展与就业指导课程教学要求》通知精神，依据人才培养方案的要求，立足新时代对人才需求和高职生的就业现状，落实立德树人的根本任务，践行“课程思政”理念，教育并引导学生主动增强职业意识，提高就业能力、培养工匠精神，提升职业素养。

一、设计总体思路—“三性一力”

本教材编写团队是由从事就业指导课程的一线教师组成，遵循“贴近实际、贴近学生 、注重实效、有所创新”的基本思路，体现了教材的“三性一力”即针对性、实效性、可操性、吸引力，集理论梳理、价值启迪、技能提升于一体，以学生为主体，以职业能力培养为拓展，设置开篇导读、资料链接、求职小贴士、前沿动态、解疑答惑等栏目，结构合理，形式创新，吸收了当前就业指导领域的前沿观点、理论、方法，与时代同频共振，力求改变学生就业认知，提升学生的就业能力，提升就业指导课程的吸引力和时代性，促进学生的成长、成才。

二、教材内容体系—“三篇”

根据时代需求和高职生身心特点精心设计教材内容，深入浅出，通俗易懂，共设三大模块：职业探索篇、求职技巧篇、职场适应篇，下设走进就业指导、就业政策解读、求职择业准备、择业心理调适、面试技巧攻略、求职权益维护、职场快速适应七大专题，旨在帮助大学生全面认知自我、准确职业定位、助力求职成功、迅速适应职场、成功步入社会，全面提高大学生的就业、创业能力，导航职业人生，打造美好未来。为大学生就业提供系统化、全面化、实用化、全程化的启迪和服务。

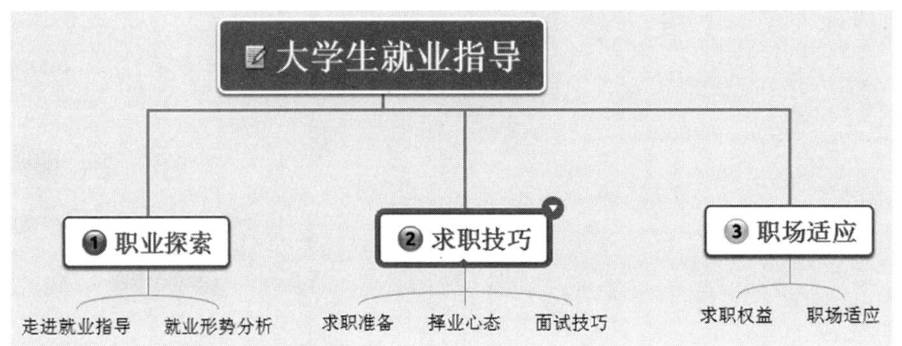

三、教材内容特色—“二融”

（一）将思想政治元素融入就业指导教材

教材坚持价值引领导向，靶定课程高度和方向，深度挖掘课程中蕴藏着的德育资源，开展职业素养和科学精神教育，结合专业特色，引领大学生领悟工匠精神，大国智慧，将理想信念、社会主义核心价值观、传统文化、中国梦等思政元素融入知识和实践环节中，引导大学生在择业过程中锤炼品质，提升技能，培养“德能并重、德艺双馨”的时代新人。

（二）将系统的就业指导理论与现代化信息手段融合

实现了教材的数字化，每专题配套课件、电子教案、微课视频、测验习题等学习资源，以二维码形式呈现，通过扫码观看教学资源，力求增加就业指导课的时代感和吸引力，满足学生的成长需求期待。

本教材由程秀清、李文平担任主编，负责教材体系设计、教学内容设计和审稿，杨芳负责最后排版，教材编写分工如下：

专题一：就业指导绪论　　程秀清

专题二：就业形势与政策　　王　雪

专题三：求职择业准备　　陈　梅

专题四：择业心理调适　　张　敏

专题五：求职面试攻略　　刘冰洁

专题六：就业权益保护　　毕晓妮

专题七：角色转换与职场适应　　张文海

在编写过程中参考了大量相关资料，得到各方面支持，在此一并致谢！不当之处在所难免，欢迎多提宝贵意见！

编　者

2020年11月

目 录

上篇　开启职业之旅 ——职业探索篇

中篇　叩开职业之门——求职技巧篇

上篇　开启职业之旅——职业探索篇

又是一年毕业季，2020 年，874 万高校毕业生跨入人生新起点，踏入社会，步入职场，如何塑造一个更好的自己？习近平同志强调，你们一定要注意系好人生的第一个扣子，第一个扣子系好了，衣服就顺了，第一个扣子系不好，衣服是歪斜的。青年有着大好机遇，关键是要迈稳步子、夯实根基、久久为功。“天下难事，必作于易；天下大事，必作于细。”本篇将带领大学生走进就业指导课，探索就业的意义，了解大学生就业指导的内容、作用，熟知当代大学生就业形势和政策，做出正确职业测评，引导学生科学地认识自我，正确地设计自我，严格地管理自我，客观面对职业环境，坚定理想信念，志存高远，脚踏实地，勇做时代的弄潮儿，站在历史的潮头去开创崭新的人生。

专题一　不负韶华　逐梦职场

——就业指导绪论

开篇导读

“民以生为本，以业为基，有业为乐，无业为祸”，就业是一种人生经历，在曲折的职业生涯中实现自己的人生定位，贯穿自己的人生理想，意味着步入职场，开始用自己的智慧自己的未来。就业选择相当于真正的成人礼，每一个选择都值得被尊重，每一场青春都应该闪亮，你将要去哪儿？未来在哪里？本专题将带你走进就业指导课，探索就业对大学生的重要意义，掌握学习就业指导课程的方法和技巧，开启精彩职业生涯之旅。

目录

- 走进就业指导课
- 开设就业指导课的意义
- 技能提升训练营

■ 学习目标

素质目标：学生树立积极进取、主动作为的人生态度；养成敢于担当、懂得感恩的优秀品德；将个人理想植入中国梦的实践中，做一个有崇高职业理想、坚定信念、远大追求、堪当大任的时代新人，赋能青春，扬帆起航！

能力目标：能够吸引学生学习就业课的兴趣，激发学习动力，开启职业生涯。

知识目标：掌握就业的内涵及特征，充分认识就业的意义，了解就业指导课程的学习方法。

■ 思政元素

- 思进取
- 勇担当
- 懂感恩
- 中国梦

第一节 走进就业指导课

情景导入

电视剧《最美的青春》

以冯程、覃雪梅为代表的一代年轻人，大学毕业后，响应祖国号召，奔赴偏僻的塞罕坝，在半个多世纪的时光里，一刻也未曾忘记自己的使命，克服了常人难以想象的困难，在荒漠上营造起万顷林海。这是人类改造自然的伟大创举，创造了沙漠变绿洲、荒原变林海的奇迹，用行动展现了青年一代敢于担当、奋勇向前、永不退缩的精神风貌，在为人民服务中茁壮成长、在艰苦奋斗中砥砺意志品质、在实践中增长工作本领，书写了最美的青春之歌。

【价值启迪】一群年轻人用实际行动书写了精彩的人生，诠释了最美的青春，给当代青年学生送上了营养丰富的精神大餐，激励当代大学生与祖国同行，明确职业方向，做出正确职业选择，到祖国最需要的地方建功立业。

服务人民、奉献祖国，是当代中国青年的正确方向。好儿女志在四方，有志者奋斗无悔。希望越来越多的青年人到基层和人民中去建功立业，让青春之花绽放在祖国最需要的地方，在实现中国梦的伟大实践中书写别样精彩的人生。

知识要点

一、就业的内涵及特征

（一）就业的含义

就业是劳动者同生产资料相结合，从事经济和其他有益于社会的活动，并借以获取劳动报酬。通常理解为找工作、挣钱，但从劳动法的角度说，劳动就业的提法更规范准确。

劳动就业是指具有劳动能力的公民在法定劳动年龄内，依法从事某种有报酬或劳动收入的社会职业。它包含了四层含义：① 劳动者就业需具有劳动能力，包括劳动权利能力和劳动行为能力；② 达到法定劳动年龄，即年满 16 周岁；③ 所从事的劳动是有报酬或劳动收入的职业，而不是义务劳动；④ 这种劳动是得到社会承认的职业并且是合法的劳动。

根据国际劳工统计会议规定的通用标准，凡是在规定的年龄之上，具有下列情况的都算就业人员：① 正在工作中的人，包括在规定的时期内正在从事有报酬或收入的工作的人；② 有职业但是临时不工作的人，例如，由于疾病、事故、休假、旷工、劳动争议或因气候不良而临时停工的人；③ 雇主和自营业人员。

在我国，只要是劳动者通过一定的组织形式实现同生产资料相结合，从事一种合法的社会劳动，取得一定的报酬或收入，都被视为实现了劳动就业。也就是说，就业者并不一定是到政府部门、事业单位或国有企业找到一份正式工作才算就业，只要合乎就业四个方面的含义，无论是在行政事业单位还是在国有企业、集体企业、私营企业就业，亦或是自谋职业、自主创业都属于就业。

我国的就业者主要包括：① 职工；② 再就业的离退休人员；③ 私营业主；④ 个体户；⑤ 私营企业和个体从业人员；⑥ 乡镇企业从业人员；⑦ 农村从业人员；⑧ 其他从业人员，其中包括现役军人。

（二）就业的特征

1. 就业主体具有特定性

劳动就业的主体必须是具有劳动权利和劳动行为能力的公民。公民的劳动权利

能力和劳动行为能力具有一致性，一般通过劳动年龄的明确规定确定。各国劳动法律都对劳动者就业的最低年龄和最高年龄做了严格规定，只有在法律规定的年龄段内，劳动者才具备就业的条件，否则便不能就业。我国劳动法规定，年满 16 周岁的公民，才具有劳动就业的资格。

2. 就业必须是出于公民的自愿，即公民在主观上具有求职的愿望

劳动就业是公民的一种权利，行使或者放弃这种权利，完全取决于公民自己的意愿，但是劳动者就业权利的实现必须是在主观上有求职的愿望。

3. 就业必须是一种能够为社会创造物质财富或有益于社会的劳动

即劳动就业要求劳动者必须从事法律允许的有益于社会的社会劳动，这是劳动者的劳动是否得到社会承认和法律保护的客观依据。

4. 就业必须使劳动者获得一定的劳动报酬或经营收入

首先，劳动就业的目的是通过劳动获得一定的物质权益；其次，劳动能够获得一定的报酬或经营收入，这是劳动者实现劳动力再生产的物质保障。

资料链接：马克思在选择职业时的考虑

在选择职业时，我们应该遵守的主要指针是人类的幸福和我们自身的完美。如果我们选择了最能为人类而工作的职业，那么，重担就不能把我们压倒，那时我们所享受的就不是可怜的、有限的、自私的乐趣，我们的幸福将属于千百万人。

——马克思

【价值启迪】青年学生在职业选择时，应将个人理想与国家需要结合起来，在实现中国梦的伟大实践中创造青春梦想。

二、大学生就业的重要意义

课堂讨论

你为什么读大学？就业的意义所在？

就业是民生之本，是我们实现人生理想的重要手段，是我们创造幸福生活的源泉。就业不仅是一个重要的经济问题，也是一个重要的社会问题，事关社会能否安全运行和健康发展。高校毕业生是国家的宝贵财富，做好高校毕业生的就业工作，

不仅直接关系到每一个高校毕业生个人价值的实现，而且关系到亿万家庭的福祉。随着我国改革开放的深入和社会主义市场经济的不断发展，就业问题的社会意义日益凸显。

1. 就业是个人谋生的手段

众所周知，个人的生存离不开衣食住行和学习，否则，生命就无法维持，在社会上就无法生存。要生存，就必须通过劳动来获得生活资料。只有通过劳动，才能创造社会财富、创造经济效益，人们才会有经济来源。在现实生活中，人们的劳动、工作，必须通过就业来实现。

就社会而言，就业是缓解贫富差距、大面积消除贫困现象的有效途径。就业是就业者及其亲属基本生活费用的主要来源。对于绝大多数社会成员来说，获得一份稳定的工作就意味着拥有了一份比较稳定的收入，意味着自己及其亲属能够过上正常的生活。我国现阶段社会保障制度还处于逐步完善之中，依赖就业维持基本生活的程度较高，因此解决好就业问题的意义尤其重大。

2. 就业是个人才能得以发挥并获得自身发展的条件

我们通过接受教育和培训获得的专业知识和技能，只有通过劳动才能得到检验，才能充分地发挥出来，使其服务于社会，为社会创造财富。同时，也只有在劳动岗位上，自身的知识和技能才能得到锻炼和提高。

每个人都有自己的理想和梦想，职业为人们实现梦想提供了很好的平台，一个人将自己丰富的知识和技能运用到职业活动中，可以发挥特长、突出优势、创造效益、回报社会。这样一方面实现了个人对社会、单位的归属感，同时也满足了个人对归属、爱与尊重的需要。

3. 就业是自身及子女健康成长的重要保证

就业是一个家庭得以维系的重要因素。一个正常家庭，一旦父母失去了工作，子女的社会化过程产生也必将产生诸多不利影响。父母经济收入不足带来的物质保障不足，会直接影响子女身体的发育及受教育程度。

4. 就业是人们为社会做贡献的需要和途径

人们要实现自身的价值，就必须选择一份能发挥自己作用的工作，而当个人在工作岗位上施展才华的时候，也就为社会做出了贡献。所有就业者的劳动总和构成了社会总劳动，为社会创造各种各样的财富，满足人们生活消费的需要。因此，只有通过劳动，才能既满足自己又满足别人，从而服务于社会，为社会做出贡献。

5. 就业是促进经济和社会发展必不可少的条件

正是人与人之间的相互交往和相互作用，才构成了社会生活。人在一定岗位 上工作，依法得到报酬，才能使社会活动得以实现，从而维持人的存在。如果就业 率低，就会影响社会稳定，影响经济的发展。从这个意义上来看，就业是社会经济 发

展的助推器，是促进经济发展必不可少的条件。

6. 就业是构建和谐社会、实现高等教育可持续发展的重要标志

大学生就业是高校、社会、政府共同关心的大事，大学生就业状况最终会影响到整个社会的稳定和发展，进而为我国下一步整体发展战略储备高技能、高素质人才，促进就业对于构建和谐社会具有重大意义。

高校的根本使命是培养人才，而大学生充分就业是完成这一使命最重要的标志之一。高等教育承担着为建设小康社会培养高素质人才的重任，没有高等教育的持续发展，科教兴国战略就难以实现，全面建成小康社会就会成为一句空话。

职场小故事：谁动了我的奶酪

两只小老鼠“嗅嗅”“匆匆”和两个小矮人“哼哼”“唧唧”，他们生活在一个迷宫里，奶酪是他们要追寻的东西。有一天，他们同时发现了一个储量丰富的奶酪仓库，便在其周围构筑起自己的幸福生活。很久之后的某天，奶酪突然不见了。这个突如其来的变化使他们的心态暴露无疑：嗅嗅、匆匆随变化而动，立刻穿上始终挂在脖子上的鞋子，开始出去再寻找，并很快就找到了更新鲜、更丰富的奶酪：而两个小矮人哼哼和唧唧，面对变化却犹豫不决，烦恼丛生，始终无法接受奶酪已经消失的残酷现实。经过激烈的思想斗争，唧唧终于冲破了思想的束缚，穿上久置不用的跑鞋，重新进入漆黑的迷宫，并最终找到了更多更好的奶酪，而哼哼却仍在郁郁寡欢、怨天尤人。

【价值启迪】什么样的选择决定什么样的未来，毕业学子们要努力学习，积极进取，主动改变，不怨天尤人，才能把握良好的机遇，收获美好的未来，成为更好的自己。

三、大学生就业指导的含义及内容

（一）大学生就业指导的含义

就业指导，是给要求就业的劳动者传递就业信息，做劳动者和用人单位沟通的桥梁。在我国，就业指导不仅包括广义的就业指导内容，还应包括就业政策导向，以及与之相应的思想教育工作。大学生就业指导，是帮助大学生科学认识自我，科学认知职业环境，树立正确职业目标，高效管理求职活动；帮助大学生科学分析就业形势和就业政策，剖析大学生就业观念和就业心理，为大学生就业提供就业方法、法律服务，最终实现自己的职业梦想，个人与职业匹配的社会教育活动。

（二）大学生就业指导的特点

1. 政策性与思想性

就业指导课程实施教学过程中，必须贯穿国家的就业方针、政策，密切为大学生就业提供助力，同时还需将就业指导与大学生世界观和人生价值观教育相融合，具有政策性和思想性。

2. 科学性与实用性

对就业形势的预测和把握要切合实际，有科学依据，切实帮助学生解决就业之需。

3. 专业性与顺延性

就业指导涉及就业心理咨询服务、生涯规划辅导、劳动权益法律保障等，具有很强的专业性，就业指导要全程服务，既包括在校期间，还要延续到毕业之后。

（三）就业指导的内容

职业指导是一个教育过程，本质上属于思想教育的范畴，是学校教育的重要组成部分，具体内容如下。

1. 给予学生职业意识、职业理想和职业道德教育。
2. 帮助学生设计职业规划，引导职业生涯。
3. 帮助学生了解宏观就业形势和时代使命，助力就业成功。
4. 帮助学生转变就业观念，调适择业心态。
5. 使学生获得就业信息，掌握求职技巧。
6. 全面提升学生就业创业能力，做好求职准备。

资料链接

为贯彻落实习近平总书记在统筹推进新冠肺炎疫情防控和经济社会发展工作部署会议上的重要讲话及系列指示批示精神，认真落实国务院常务会议关于鼓励吸纳高校毕业生就业的工作部署，2月28日，教育部启动“2020届高校毕业生全国网络联合招聘——24365校园招聘服务”活动，为高校毕业生提供每天24小时全年365天的网上校园招聘服务，毕业生可登陆活动平台（www.ncss.cn）及各有关网站专栏求职招聘。

四、就业指导课程的性质与作用

（一）课程性质

按照学校“以就业为导向，以素质为本位，以能力为核心”的办学理念，本课程是全校所有专业的公共必修课程，既强调职业在人生发展中的重要地位，又关注学生的全面发展和终身发展。激发大学生树立正确的就业观，理性地规划自身未来的发展，并努力在学习过程中自觉提高就业能力和创业能力。本课程为学生学业、就业和创业的导向课程，对全面提高学生的综合职业能力，提高就业率和就业质量，具有直接、强有力的促进作用。

（二）课程作用

《中共中央国务院关于进一步加强和改进大学生思想政治工作的意见》要求，要帮助大学生树立正确就业观念，引导毕业生到基层、到西部、到祖国最需要的地方建功立业。就业指导作为大学生准备职业、选择职业、获得职业、适应职业和转换职业的一门重要课程，应该成为“大学生不能逃避的课程”。

1. 引导学生科学规划职业生涯，授之以渔

使学生了解自己的人格特质、兴趣、性格、能力、价值观等，从而根据自己的兴趣爱好、成长经历选择合适的职业，制定短期和长期的职业发展目标，依据社会发展、职业需求和个人特点进行职业生涯设计，促进职业发展。

2. 帮助学生树立正确的就业观

就业观决定就业心态和就业选择，帮助学生树立正确的就业观，做出科学合理的职业选择，实现自身价值。

3. 引导学生正确认识处理专业、就业、创业三者之间的关系

使学生学有目标，学有动力，努力完成学业，提升职业能力。

4. 帮助学生成功就业与创业

对学生进行职业教育、职业意识和职业精神的培养和训练，使学生掌握求职与创业必备的知识、能力和技巧，成功就业与创业。

全面提高大学生素质，为促进学生顺利就业和创业提供全方位服务。帮助引导大学生根据自身特点和时代需求选择职业，将个人理想融入到中国特色社会主义实践中去，成功跨入职场，最终实现无业者有业，有业者敬业，敬业者乐业，乐业者创业，创业者成功。

前沿动态：麦可思 2020 年中国大学生就业报告

《2020 年中国大学生就业报告》显示，2019 届本科毕业生月入 5440 元，本科计算机类、高职铁道运输类专业领跑薪酬榜。剔除通货膨胀因素的影响外，与 2015 届相比，五年来本科生起薪涨幅为 23.6%；高职毕业生平均月收入为 4295 元，与 2015 届相比，五年来高职生起薪涨幅为 15.7%。

大学毕业生升学比例持续上升。本科生国内读研比例从 2015 届的 13.5%上升至 2019 届的 15.2%，高职毕业生读本科的比例从 2015 届的 4.7%上升到 2019 届的 7.6%。

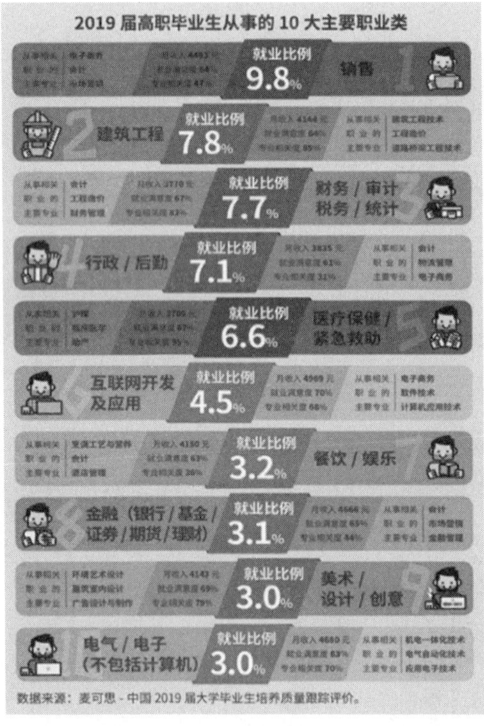

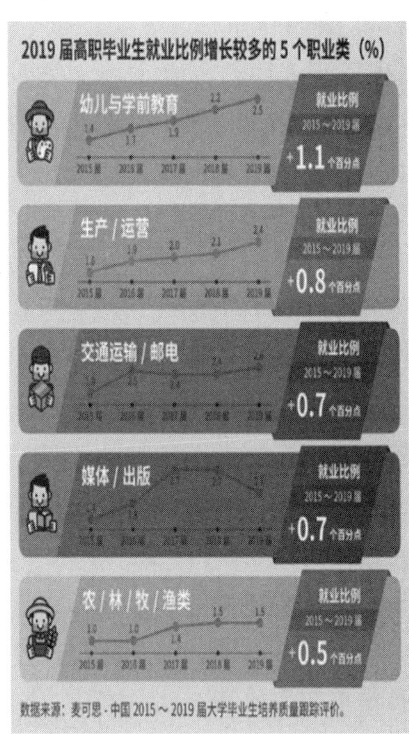

探索思考

从个人成长、社会需要等多个维度探索就业的意义，并思考为什么要积极就业。

第二节　开设就业指导课程的意义

情景导入

蜗牛的天空

小蜗牛问：为什么我们一出生就背着一个又重又硬的壳？

蜗牛妈妈答：因为我们需要保护自己。

小蜗牛问：为什么毛虫姐姐不需要背呢？

蜗牛妈妈答：因为毛虫姐姐会变成蝴蝶，天空会保护她。

小蜗牛问：那蚯蚓弟弟呢？

蜗牛妈妈答：因为蚯蚓弟弟会钻土，大地会保护他。

小蜗牛哭了：我们好可怜，没有天和地保护。

蜗牛妈妈：所以我们有壳啊！我们不靠天，不靠地，靠自己。

【价值启迪】蜗牛从一出生就背着一个又重又硬的外壳，且爬得很慢，但它以自己的毅力向着目标前进，在岁月的长河里，在同一片蓝天下默默地生活着。无论前面的路有多艰难，它们总是向着目标前进，不达目的誓不罢休。大学生应该学习蜗牛精神，在追求职业理想的道路上，坚忍不拔，自强不息，初心不改，砥砺前行！

> 青年有着大好机遇，关键是要迈稳步子、夯实根基、久久为功。心浮气躁，朝三暮四，学一门丢一门，干一行弃一行，无论为学还是创业，都是最忌讳的。“天下难事，必作于易；天下大事，必作于细。”成功的背后，永远是艰辛努力。青年要把艰苦环境作为磨炼自己的机遇，把小事当作大事干，一步一个脚印往前走。滴水可以穿石。只要坚韧不拔、百折不挠，成功就一定在前方等你。
>
> ——2014 年 5 月，习近平总书记在北京大学师生座谈会上的讲话

知识要点

一、高校开设就业指导课的必要性

随着我国高等教育进入大众化阶段，2020 年，我国高校应届毕业生达 874 万，再创历史新高，创纪录的毕业生数量叠加经济下行压力及疫情带来的多方面影响。今年就业形势的复杂性、任务的艰巨性可想而知，面对不容乐观的就业形势，如何促进大学生顺利就业，高校为大学生提供必要的就业指导和就业服务变得非常重要。

（一）大学生就业现状

1. 毕业生数量创历史新高

2020 年高校毕业生人数达到 874 万，超越 2019 年的 834 万，根据人社部的毕业生数据，加上中职毕业生和 19 年尚未就业的学生数量，今年待就业的学生加在一起约有 1000 万。高校毕业生人数创历史新高，加之新冠疫情的影响，毕业生的就业受到前所未有的挑战，堪称“ 史上更难就业季”。

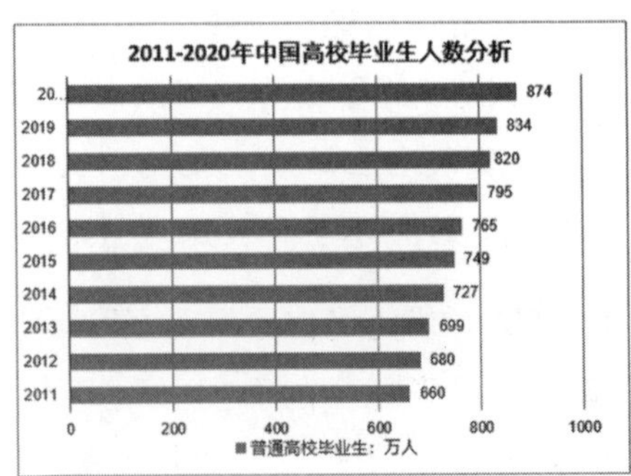

2. 劳动力市场需求相对疲软

2020 年受新冠疫情影响，无论是国际还是国内，经济增长速度都有所放缓，这很大程度上影响了中国经济的整体情况，对劳动力的需求呈下降趋势，整体的经济

下行会抑制市场对人才的需求。

3. 市场结构矛盾明显

从大学生就业行业来看，大学生群体在不同行业之间的就业景气程度分化严重。2020 年第一季度，高校毕业生就业景气较好的行业与全国行业情况基本一致，其中，医药生物工程在疫情背景下就业形势较好。而大学生在网络游戏、交通运输、电力电器等行业的就业景气度较低，竞争激烈。从大学生就业行业形势来看，大学生就业市场行业结构矛盾较为明显。

4. “新一线”城市对大学毕业生的吸引力不断增强

报告显示，2019 届大学毕业生在长三角地区就业的占比最高（本科：25.8%，高职：22.9%），其次是珠三角地区（本科：21%，高职：20.4%）。

从城市分级看，本科毕业生选择在“新一线”城市就业的比例从 2015 届的 22%上升到 2019 届的 26%，而在一线城市就业的比例从 2015 届的 26%下降至 2019 届的 20%；高职毕业生选择在“新一线”城市就业的比例从 2015 届的 17%上升到 2019 届的 23%，而在一线城市就业的比例从 2015 届的 19%下降至 2019 届的 15%。

（二）大学生自身的现状

1. 对就业形势和政策缺乏了解

大学毕业生供需矛盾突出是近年来社会公认的大学生就业难的一个直接原因，用人单位对大学生的需求速度赶不上大学毕业生的增加速度。大部分在校学生没有意识到就业人数递增速度已远远超过工作岗位的增加速度，忽略了解就业形势和政策及就业过程的重要性，在实际就业供需矛盾面前束手无策。

2. 就业信息获取不及时

用人单位招聘信息的发布缺乏时效性，大学生没能及时获取相应的信息，造成了很多大学生找不到工作、用人单位招不到人的局面，延长了大学生和用人单位相互搜寻的过程。

3. 自我认识不足，缺乏明确定位

所学知识与现实要求不匹配，在大学毕业生“就业难”的同时，用人单位也普遍存在着“选材难”。学生自我认知不清楚，从而不能做出正确的职业定位。

4. 缺少生涯规划，导致盲目就业

就业迷茫普遍存在，很多学生缺乏自我认知，缺乏对环境的了解和探索，不能树立正确的职业目标，造成就业错位或虚位，影响顺利就业。

5. 不正确的就业观成为求职路上的绊脚石

期望和实际现状不符，做事眼高手低，部分大学生缺乏吃苦耐劳精神；薪酬期望值高出社会现实水准，不愿从基层做起，宁愿等待，只选择在发达地区、高薪部门工作，不愿意去偏远地区工作；人际沟通能力差，缺乏团队合作能力，“有业不就”造成人力资源的浪费。

如何改善大学生就业状况，精准服务是关键，政府、学校都必须提供更加精准化的服务，包括“精准”就业管理服务、“精准”就业信息服务、“精准”就业指导服务等。那么，如何解决大学生就业择业困难？一方面，要通过建立档案、一对一指导、重点岗位推荐等方式，对就业困难群体提供“精准”帮扶。另一方面，要“精准”跟踪市场需求，让毕业生生源信息、就业信息、跟踪反馈信息与招生培养工作联动起来，形成长效的就业联动和预警机制。

职场小故事：职场发展无捷径，要做高管先打工

小康是北京的高校毕业生，毕业时为了能把户口落在北京，她应聘到中关村一家规模非常小的民营企业工作。然而，工作不到2个月，她便辞职了。小康说：“我是学企业管理的，我相信自己可以胜任任何管理岗位。这个企业刚刚成立，缺少各种各样的管理人才，可老板让我干的是内勤活儿，内勤总监的职位宁可空缺也不让我尝试。他们给我的理由是，我缺乏管理经验，老板对于让我管理公司内勤完全没有信心。而我认为这个企业老板没有魄力，干了不到2个月，没有要他一分钱，我就辞职了，他们不留我，自有留我处。”小康认为，自己当初学管理就是想有一天能做到管理的位子上，可实际上在那个公司，自己做的就是高中生都能做的业务，这和她的理想相差甚远。到现在为止，她基本上是每年都要换个工作，因为她总在抱怨没有老板愿意给她管理职位，哪怕是个中层管理职位的机会。

【价值启迪】一步一个脚印，从最基本的职位做起，这是员工成长的必由之路。青年学生既要仰望星空又要脚踏实地，夯实根基，树立正确的职业价值观。

大学生能否顺利就业越来越受到党和国家、全社会、学生家庭以及毕业生本人的高度重视。就业是绝大多数毕业生所面临的重大抉择，是人生的重大转折，大学生的理想与追求有明确的目的性，但面临着更多、更大的挑战与机遇。如何使大学生顺利步入社会，开启职业生涯大门，就业指导就是学生非常需要的精神雨露。

二、开设就业指导课的意义

通过对本课程的学习，学生正确把握目前就业市场的需求形势和国家就业制度、政策；按照社会需求和自身特点确立就业期望，树立正确的就业观念和就业心态；了解大学生就业程序，把握就业技巧，进行职业知识、职业道德、素质教育，

使学生了解我国目前的就业趋势和职业必备素质和技能，以保证毕业生顺利就业。在国家就业形势十分严峻的情况下，帮助学生转变就业观念，调整就业心态，掌握求职就业的方法和技巧。总得来说，就业指导课的作用主要以下几点。

（一）帮助大学生正确认识自己

大学生只有在社会中寻找到最适合自己的职业，才能发挥自身的潜能，体现出自我价值。在校大学生心理尚未成熟，欠缺自我认识，不了解自己的天赋和性格，缺少职业定位，找不到适合自己的角色，通过《大学生就业指导》课程教学活动和实践的开展，有针对性地引导学生了解自己的兴趣、人格、能力、价值观等要素，全面客观认识自我，从而做出正确的职业定位。

（二）促进大学生就业观念的转变

就业观念正确与否，是决定大学生毕业时能否顺利实现就业的重要条件，有效的就业指导，能够帮助大学生树立正确的择业观，选择较为适合自己身心特点的职业，使用人单位选择到所需要的劳动者，对国家建设与社会发展、对大学生拓展奋斗领域、实现自身价值都具有积极意义。作为天之骄子的大学生，应当把社会需要作为选择职业的出发点和归宿，到祖国最需要的地方去建功立业。这样才能更好地实现自己的人生价值。

（三）调适大学生的就业心理

作为大学毕业生，涉世不深，社会经验不足，对国情和社会缺乏深刻的了解和认识，对工作缺乏客观、科学的分析和判断，面临就业选择时，会感觉眼花缭乱、无所适从。在市场竞争日益加剧的环境下，应该学会分析主客观条件，把握机会，摆正心态，找到适合自己的工作岗位。

（四）帮助学生正确进行职业选择

一个人的职业，在相当大地程度上决定了他对生活方式的选择，决定了他的发展与成才，以及对社会贡献的大小。择业是人生关键性的问题之一，它直接影响到个人的前途和发展，如果所从事的职业与自己的兴趣相投，与自己的能力相符，就会乐此不疲，不断努力，奋发成才，在职业实践中实现自己的价值。学生要了解自己的兴趣、能力、职业倾向，以便于做出正确职业选择。

（五）提高学生的就业能力

大学生就业能力不仅仅只是大学生毕业时实现求职就业的能力，而且是大学生寻找工作、保持工作与转换工作的能力，是作为社会人长期职业发展的能力。

（六）有利于大学生发展和成才

大学生就业的过程也是受教育的过程，如展示真实形象、锻炼表达能力、增强团队意识、遵守市场规范等等，不仅是对就业的具体指导，而且是对今后事业发展的长远指导。因此，大学生就业指导的意义在于大学生成才的全过程。

资料链接：两会·声音丨“六稳”“六保”——你知道吗？

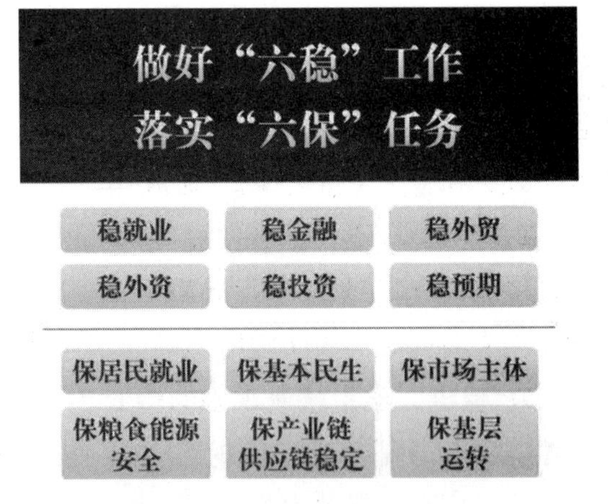

2018年7月31日召开的中共中央政治局会议首次提出“六稳”，即稳就业、稳金融、稳外贸、稳外资、稳投资、稳预期。2020年4月17日召开的中央政治局会议首次提出“六保”，即保居民就业、保基本民生、保市场主体、保粮食能源安全、保产业链供应链稳定、保基层运转。

【价值引领】人民至上，重视就业充分体现了国家对民生的关注和对大学生的关爱，青年学生要珍惜大好机遇，奋发有为，创造出精彩人生。

三、就业指导的有效方法

上好就业指导课，要注重课程的针对性和实效性，发挥就业指导课在大学生就业成长过程中的引领作用。

（一）教师主导，学生主体

发挥教师的主导作用同发挥学生的主体精神紧密结合。发挥教师的主导作用，集中表现为以课堂教学为主渠道，坚持循序渐进的原则和理论联系实际的原则，以教材为基本依托，按照教材的内在逻辑，从远及近，从客观到微观，从形势的分析到行为取舍，帮助学生奠定科学的知识基础，提供勇于接受市场选择的精神动力。这也就是通常所说的“指点迷津”式的、“授人以渔”式的教育教学。与此同时，必须贯彻“以学生为主体”的原则，充分发挥学生的主观能动精神，自动学习好相关理论知识，主动收集与筛选信息，切实增强对职业的评价能力、选择能力，自主选择职业方向，迎接挑战。

（二）知行并重，知行统一

坚持理论教学与实践训练相结合。就业指导课是一门实践性极强的课程，在对学生进行理论授课后，为了进一步提高学生对就业指导课的兴趣和认识，可以组织他们利用所学知识进行模拟面试，以加强他们的语言表达、人际沟通等能力。在适宜的条件下，也可以组织他们参加招聘会，为他们开辟一个良好的实习空间，来感受求职的氛围和实践求职的技巧。通过这些实践的教学环节提高教学效果，提升毕

业生的社会适应性。

（三）个性指导，有的放矢

坚持课堂授课与个别辅导相结合。系统地开设就业指导课程或者举办相关的讲座，开展课外相关的活动，这都是面向多数学生进行的知识和能力教育，但由于学生群体在思想水平、知识水平、择业期望以及在实际的就业过程中遇到的不确定因素的客观差异，对他们进行个别指导则更有实效。

（四）辅之心理，排除困扰

配备专职的心理健康指导教师，端正就业心态，解决择业过程中的心理问题。大学生毕业前后的择业过程，也是大学生活的转折点，与求学时期相比，人生的特点和任务有很大的不同。从象牙塔中单纯求学的学生向错综复杂社会中的职业人生，这其中要学习专业方面的知识，寻找现实中比较适合的职业角色，指导教师要有针对性地进行引导和教育。

总之，就业指导课程对学生而言是极为重要的一门课程，对教师而言，是一份复杂的工作，需要大量的耐心、细心和爱心来关注、引导、教育学生，努力提高就业指导课的教学效果，通过全面、全程、立体化的大学生就业指导服务，规划精彩生活，导航职业人生，打造锦绣课程，使学生真心喜欢，并可以毕生收益，终生难忘！

探索思考

问卷星：2020 大学生就业调查（扫码）

第三节　技能提升训练营

一、活动名称

勇往“职”前，“职”面未来！微视频比赛

二、活动目的

2020年我国高校毕业生规模达到874万人，是近年之最。再加上受疫情等多种因素综合叠加的影响，2020届大学毕业生就业面临非同寻常的压力和挑战。在这个非同寻常的毕业季，我们特别发起大学生就业微视频大赛，助力大学毕业生勇往“职”前、“职”面未来，为大学生的生涯与成长、就业与职业赋予更多正能量、传递更多好声音，鼓励学生勇敢追梦，奋斗圆梦。

三、活动设计

活动时间：2020年6月10日–7月10日

活动对象：全校高职毕业生

四、活动内容

（一）不忘初心：勇往“职”前，“职”面未来。用一分钟温暖走心的微视频，引领陪伴年轻人的2020毕业季。

（二）聚焦主题：基于自己个人的学业生涯、职业生涯和职场观察视角，表达毕业生的职业愿望，以及毕业寄语。

五、重点呈现（有三个关键点）

（一）大学生涯的简单介绍和自我简介。例如哪一年大学毕业，学什么专业，做过什么，目前专注于什么？

（二）毕业季我将如何面对？

（三）展望未来。

六、参与要求

（一）一分钟微视频录制，在总体思路和方向一致的前提下，参与者可以发挥自己的创意和想象力去呈现和表达，最基本要求为——正能量，好声音。

（二）录制方式，可以自己用手机录，也可以让同学帮忙录，还可以让身边懂

剪辑制作的同事帮忙策划和创作，时长五分钟左右。

课后寄语

即将走出象牙塔的毕业学子们，面临走向社会、步入职场的新征程，希望同学们学好专业知识，提高自身技能，加强道德修养，提升就业能力，端正择业心态，不忘初心，追梦前行，相信同学们可以保持良好的心态，开启职业生涯新篇章！

■ 解疑答惑

学生李明：我不知道自己毕业后该选择什么职业，不知道自己该做什么，很迷茫，万一找不到专业对口的工作怎么办？

职业规划师：毕业生究竟该选择什么职业？评价的标准是这份职业是否适合你，能否取得长久发展。恰当的评估自己是正确职业选择的前提和基础，大学生择业首先要认识自己，了解自己的能力、爱好、特长、以及性格、气质等状况，全面审视自己，给自己一个恰当的认知和定位，确定大致的方向和范围。

思维导图

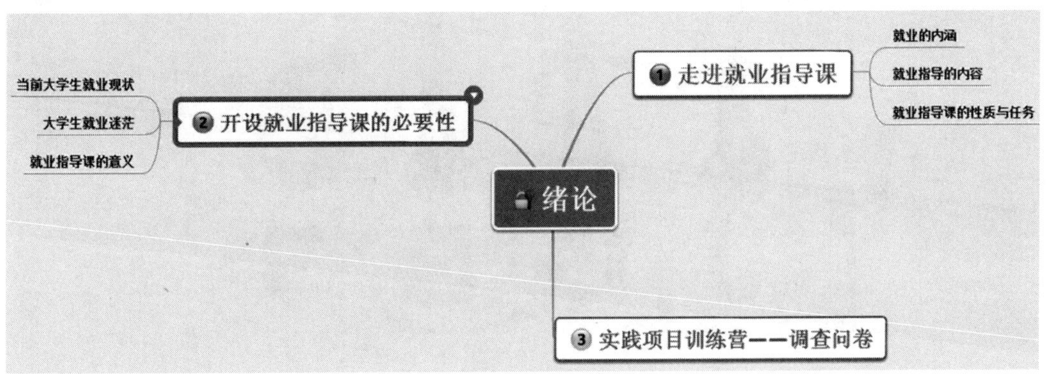

课后测验

专题二　抢抓机遇　开阔职路
——就业形势与政策

开篇导读

又是一年毕业季，2020年高校毕业生数量再创历史新高，达874万人，同比增加40万人，加之新冠疫情的影响，全国停摆近两个月，就业市场出现疲软，毕业生就业受到前所未有的冲击。如何找到理想的工作？学生们心中充满了复杂情感：急切、倦怠、期待中掺杂着焦虑。本专题将引领学生运用马克思主义辩证的观点看待当前就业形势，全面了解最新就业政策，树立科学的职业价值观，认清形势，把握机遇，迎接挑战！

目录

■ 学习目标

素质目标：学生运用辩证思维看待当前的就业形势，提升自主就业意识；树立脚踏实地、认真务实的人生态度；在择业过程中厚植家国情怀，将个人职业理想融入社会需要中，树立正确的职业价值观，争当新时代的奋斗者。

能力目标：学生能够充分认知自我，合理调整职业预期，树立正确的就业观。

知识目标：了解国家宏观经济形势，辩证分析大学生就业形势，掌握相关就业政策。

■ 思政元素

- 辩证思维
- 家国情怀
- 脚踏实地
- 认真务实

第一节 当前大学生就业形势

情景导入

工作好找吗？难！当前就业形势依旧严峻。据2020年就业形势分析报告显示，今年应届生毕业人数预计达874万，远高于2019年高校毕业生的834万人，可见就业形势问题难解！同时，还衍生了几大就业新趋势，这些你了解吗？

【价值启迪】每年数百万大学毕业生的就业问题，冲击着中国社会。从中央到地方、从社会到家庭、从学校到学生都是一个呼声：就业、就业、再就业。作为大学毕业生，及时了解当前就业形势，辩证分析就业问题，准确把握就业外部环境的特征，积极采取有效措施，是顺利找到理想工作岗位的前提和基础。

一、当前大学生就业形势

（一）当前大学生面临的就业形势

我国高校自1999年实施扩招以来，高校毕业生每年以15%的速度增长。根据教育部发布的最新信息，2020年高校毕业生人数达到874万，超越2019年的834万，高校毕业人数创历史最高，堪称史上更难就业季。专家预测，在未来五年内，高校毕业生就业形势将更加严峻，“更难就业季”会不断刷新。高校毕业生数量逐年增长，毕业生的就业形势日趋严峻，呈现出以下特点。

1. 大学毕业生由“精英”走向“大众”

高等教育进入大众化时代，高校毕业生人数持续攀升，加之疫情的影响，毕业生面临着前所未有的挑战，就业形势严峻。

劳动力的供给持续高位运行，就业总量一直处于比较大的状态

年度	毕业生数	增加人数	增幅(%)
2012	680万	20万	3.0
2013	699万	19万	3.0
2014	727万	28万	4.0
2015	749万	22万	3.0
2016	765万	16万	2.1
2017	795万	30万	3.9
2018	820万	25万	3.1
2019	834万	14万	1.7
2020	预计850万	16万	1.9

2. 大学生就业市场进一步由“卖方”走向“买方”

在就业中，大学生处于劣势地位，而用人单位处于优势地位，就业市场由“卖方”走向“买方”，大学生薪酬水平下降。

3. 大学毕业生初期就业率较低

高校毕业生数量逐年增长，与此形成鲜明对比的就是毕业生初期就业率较低。

（二）新形势下大学生的人生选择

1. 深造比例持续上升，毕业生待就业压力未明显增加

麦克思2020年《大学生就业报告》显示，本科生国内读研比例从2015年13.5%上升至2019届的15.2%，高职高专毕业生“读本科”的比例从2015年的4，7上升到2019届的7.6%，连续五届上升。

由此可见，毕业生深造比例持续上升，在一定程度上减轻了就业压力。2019届本科毕业生就业比例为73.5%，高职高专毕业生就业比例为83.7%。

2. “北上广深”就业比例持续下降，“新一线”城市吸引力不断增强

以前，70后、80后应届生一毕业就扎堆北上广一线城市，觉得工作机会多、见识广。而现在的90后面对求职所在地已经不再那么明显倾向北上广了，数据表

明，“北上广深”就业比例持续下降，从2015届的26%下降到了2019届的20%；而“新一线”城市吸引力不断增强，从2015届的22%上升到了2019届的26%。此外，刚毕业时在“北上广深”就业的毕业生中，三年内离开的比例明显上升，从2011届的18%上升到了2015届的24%。

3. 基层就业创业人数激增

《麦克思研究报告》自主创业一栏中显示，2019届高职高专毕业生半年后自主创业的比例（3.8%）高于本科毕业生（1.9%）。从近三届的趋势可以看出，大学毕业生自主创业的比例呈现平稳态势。2019届本科毕业生自主创业比例最高的就业经济区域为泛长江三角洲区域经济体（2.7%）。有更多的毕业生在毕业三年内选择了自主创业。此外，从自主创业月收入情况分析，2019届本科毕业生半年后自主创业人群的月收入为5785元，比2018届本科毕业生半年后平均月收入（4774元）高1011元。从自主创业风险分析，2019届本科毕业生自主创业的主要风险因素为缺乏企业管理经验（27%），其次是缺少资金、市场推广困难（均为25%）。

综合以上来看，2020年大学生数量增大，就业形势虽然严峻但也面临很多机遇，政府部门已经积极实施大学生创业就业政策来帮助困难求职者。希望求职者能看清未来的行业发展趋势，抢抓机遇，快速成长。

职场小故事：改变从心开始

毕业生小郭来自河南禹州，直到毕业当年的10月份他还未落实工作单位。经过他人推荐，禹州有一家制药厂要他，该企业与他专业对口，又是家乡的企业，但是他本人的择业意向却是：单位地点必须在郑州市，至于到郑州市的什么单位、具体做什么工作都无关紧要，除此以外，什么单位都不考虑。在这种心态下，结果自然难以如愿。

【价值启迪】小郭的思想在当前毕业生的择业过程中具有一定的代表性。不少毕业生过于向往经济发达地区，尤其是沿海地区的中心城市，他们只注重经济文化发达、工作环境优越的一面，而忽视了人才济济、相对过剩的一面，择业期望值居高不下，甚至还有逐年上升的趋势，从而导致主观愿望与现实需求之间的巨大落差，只有端正心态，才能找到合适的位置。

二、当前大学生的就业趋势

（一）报考公务员与升学持续火热

2019国考有137.93万人通过报名资格审查，平均竞争比95∶1，竞争比历年最高。大学校园中的公务员热已经不再是“局部过热”，随着公务员考试发展日渐成熟，考生报考也更趋理性。未来几年，国家公务员考试报名人数可能出现下降，但幅度不会很大，实际平均竞争比将稳定在40∶1至50∶1之间。在公务员考试热的同时，考研也在逐年升温：据教育部公布的数字，2009年研究生报考人数为124.6万人，而在2001年还只有46万人，近十年来，每年考研的报名人数均在120万以上，到2019年达到了285万，堪称“史上考研最难年”。

（二）选择新兴工作方式——SOHO族、威客族

自20世纪90年代以来，互联网在全球范围内迅速发展。诸如知识工人、全球经济、学习型组织、虚拟工作场所、小型创业型企业、SOHO、威客等体现了工作方式的改变。

SOHO（自由职业者），是英文Small Office Home Office的头一个字母的拼写，就是单独办公、家里办公的意思。SOHO是对自由职业者的另一种称谓，同时亦代表一种自由、弹性而新型的工作方式。

（三）基层就业

基层就业就是到城乡基层工作。国家近几年出台了一系列优惠政策鼓励高校毕业生积极参加社会主义新农村建设、城市社区建设和应征入伍。基层就业避免了大学生中竞争过于激烈的情况。全面地锻炼个人能力对刚刚走出校园的毕业生来说非常难得。经过基层锻炼的人才，今后在职业发展道路上，或者走向管理岗位时，能够更有针对性地开展工作。

（四）自我创业

“就业难”引发了“创业热”，如今创业的大学生越来越多，这部分大学生通过创业形式实现就业。一个创业能力很强的大学毕业生不但不会背负就业的压力，相反还能通过自主创业增加就业岗位，以缓解社会的就业压力。大学生创业的最大好处在于能提高自己的能力，增长社会实战经验，学以致用。

为支持大学生创业，国家各级政府出台了很多优惠政策，涉及融资、开业、税收、创业培训、创业指导等诸多方面。尽管在大学生创业过程中存在着种种问题，但对大学生来说，自主创业仍是一条不错的发展途径。即使面临失败，也决不能灰心丧气，依然要保持热情，力求在工作中磨炼自我，重回创业的舞台，成就另外一番光景。

资料链接：数说《疫情条件下2020届高校毕业生就业形势调查报告》

2020年的毕业季，注定非比寻常。受席卷全球的新冠肺炎疫情影响，我们该如何研判大学生就业的总体形势？经过专业化、科学化的问卷调研、数据分析等环节，“疫情就业报告全国版”正式公布。《报告》显示，一季度大学生招聘需求人数减少，求职申请人数增加，3月份毕业生开始进入春季招聘市场，求职申请人数同比增幅高达143.25%。综合来看，在疫情冲击下，大学生就业市场的供需两端均受到一定影响，使得一季度大学生就业形势不容乐观。

这个“不容乐观”该如何看待？“就业虽困难，但依然充满希望，”中国人民大学教授曾湘泉记者对记者明确表示。“因为疫情带来的就业困难是短期突发事件，总会过去。随着疫情的好转，就业困难将会得到缓解。”

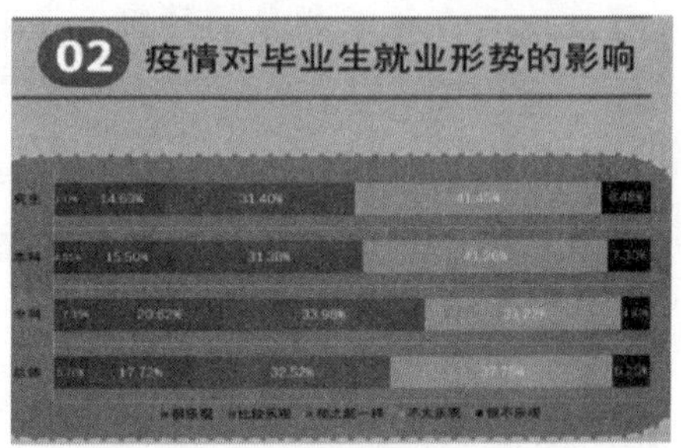

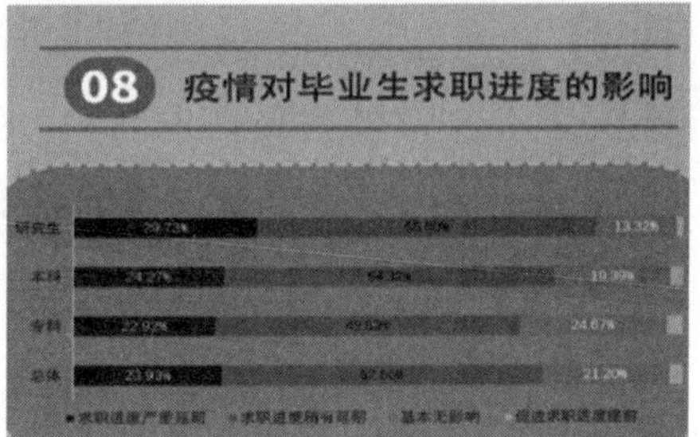

探索思考

如何运用马克思主义的观点辩证看待当前的就业形势，结合自己所学专业，做出最适合个人的职业选择？

第二节　大学生就业政策

情景导入

一位大学毕业生成功求职的启示

小刘（某高校金融专业学生）：我选择的是一家创办不久的民营企业，知名度不高、规模不大、薪酬也不高，可我看好这份工作能带给自己的锻炼机会。公司承诺先送我去培训，之后独立运作一个部门，这样高的事业起点，今后的发展空间值得期待。大公司、名企业不同程度地存在论资排辈的情况，年轻员工要“熬”到一定年头才可能独当一面。

【价值启迪】从小企业做起，或者选择自主创业。看淡薪酬，看重发展前景，关注自己的职业发展道路，才是未来成功的基础。

知识梳理

就业政策是我们搞好就业工作的指南和依据。大学毕业生如果认真了解国家和各级政府对当前就业工作的要求和相关的政策，就会在就业过程中更好地找准自己的位置，有效利用相关的条件，使自己顺利就业。

课堂讨论

大学生就业、创业政策有哪些？

知识要点

就业政策是指国家和各级地方政府及高等院校为促进大学毕业生就业工作而制定的一系列政策、方针、规定的总和。就业政策具有导向作用，它可以引导大学生走上正确的择业道路，少走弯路，提高就业成功率。

一、大学生就业的基本政策

（一）鼓励高校毕业生到城乡基层就业的政策

1. 各地区要结合城镇化进程和公共服务均等化要求，充分挖掘教育、劳动就业、社会保障、医疗卫生、住房保障、社会工作、文化体育及残疾人服务、农技推广等基层公共管理和服务领域的就业潜力，吸纳高校毕业生就业。

2. 各地区要结合推进农业科技创新、健全农业社公化服务体系等，引导高校毕业生投身现代农业。

3. 继续统筹实施好大学生村干部、“三支一扶”等各类基层服务项目，健全鼓励高校毕业生到基层工作的服务保障机制。

4. 高校毕业生在中西部地区和艰苦边远地区县以下基层单位从事专业技术工作，申报相应职称时，可不参加职称外语考试或放宽外语成绩要求。

5. 充分挖掘社会组织吸纳高校毕业生就业潜力，对到省会及省会以下城市的社会团体、基金会、民办非企业单位就业的高校毕业生，所在地的公共就业人才服务机构要协助办理落户手续，在专业技术职称评定方面享受与国有企事业单位同类人员同等待遇。

前沿动态：国家送给2020年高校应届毕业生的五个大礼包

①扩大研究生招生规模，研究生扩招18.9万人；②增加专升本招生人数；普通专升本扩招32.2万人。同时，也在研究第二学士学位的扩招；③扩大中小学教师招聘规模，落实应届毕业师范生全部入编入岗的工作；今年“特岗教师”计划将增加招募规模5000人，并适当扩大“三支一扶”“西部计划”等中央基层项目规模，还计划招收40万毕业生补充到中小学和幼儿园教师队伍，采取“先上岗、再考证”的举措，进一步加强中小学和幼儿园的师配备；④鼓励、支持大学生自主创业；⑤推行高校毕业生户口托管，全力促进毕业生考编及考公务员。

（二）认真落实基层就业学费补偿代偿等政策，继续组织实施“教师特岗计划”等中央基层项目，推动毕业生服务乡村振兴战略。

（三）服务国家需求“大舞台”，引导大学生投身军营报效祖国，主动向重点地区、重大工程、重大项目、重要领域输送毕业生，引导毕业生到高技术产业、战略性新兴产业、先进制造业和现代服务业等新兴领域就业创业，鼓励毕业生到国际组织实习任职。

（四）要严格落实就业签约“四不准”要求，坚决反对任何形式的就业歧视，

严密防范“培训贷”、求职陷阱、传销等不法行为，切实维护毕业生合法权益。

（五）激励高校毕业生自主创业的政策

1. 放宽市场准入条件

对自主创业高校毕业生进一步放宽准入条件，降低注册门槛，初创企业时，允许按行业特点放宽资金、人员准入条件，注册资金可分期到位。按照相关规定可将家庭住所、租借房、临时商业用房等作为注册地点及创业经营场所。

2. 享受资金扶持政策

对符合条件的高校毕业生自主创业的，可在创业地按规定申请小额担保贷款；从事微利项目的，可享受不超过10万元贷款额度的财政贴息扶持；合伙经营和组织起来就业的，可根据实际需要适当提高贷款额度。视当地情况，可申请“大学生创业资金”。

3. 实施税费减免优惠

毕业2年以内从事个体经营时，自在工商部门首次注册登记之日起3年内，可免交管理类、登记类和证照类等有关行政事业性收费。持《就业失业登记证》（注明“自主创业税收政策”或附着《高校毕业生自主创业证》）的高校毕业生在毕业年度内（指毕业所在自然年，即1月1日至12月31日）从事个体经营的，3年内按每户每年8000元为限额享受有关税收优惠；毕业2年以内从事个体经营时，自在工商部门首次注册登记之日起3年内，可免交有关行政事业性收费。

4. 提供培训指导服务

对高校毕业生在整个毕业学年（即从毕业前一年7月1日起的12个月）内参加创业培训的，根据其获得创业培训合格证书或就业、创业情况，按规定给予培训补贴。进入“高校学生科技创业实习基地”创办企业，可以享受减免12个月的房租、专业技术服务与咨询、相应的公共设施以及公共信息平台服务等。在办理自主创业行政审批事项时，可以通过“绿色通道”享受联合审批、一站式服务、限时办结和承诺服务等。各城市应取消高校毕业生落户限制，允许包括专科生在内的高校毕业生在创业地办理落户手续（直辖市按有关规定执行）。自主创业申报灵活就业的高校毕业生，各级公共就业和人才服务机构按规定提供人事、劳动保障代理服务，做好社会保险关系接续工作。

资料链接：大学生创业扶持政策

1. 税收优惠政策。持就业失业登记证（注明“自主创业税收政策”或附着“高校毕业生自主创业证”）的高校毕业生在毕业年度内（指毕业所在自然年，即1月1日—12月31日）从事个体经营的，3年内按每户每年8000元为限额依次扣减其当年实际应缴纳的营业税、城市维护建设税、教

育费附加税和个人所得税。

2. 发挥小额担保贷款政策促进就业的积极作用。从事微利项目的，可享受不超过10万元贷款额度的财政贴息扶持。

3. 进一步改进和完善“小额担保贷款+信用社区建设+创业培训”联动工作机制。有条件的地区要加大财政投入，积极引入风险投资资金，多渠道加大创业资金投入。

4. 高校毕业生自主创业的，免收有关行政事业性收费；毕业2年以内的普通高校毕业生从事个体经营（除国家限制的行业外）的，自其在工商部门首次注册登记之日起3年内，免收管理类、登记类和证照类等有关行政事业性收费。

（六）促进离校未就业高校毕业生就业的政策

1. 各地区要将离校未就业高校毕业生全部纳入公共就业人才服务范围。采取有效措施，力争使每名有就业意愿的未就业高校毕业生在毕业半年内都能实现就业或参加到就业准备活动中。

2. 有关部门、各高校要密切协作，做好未就业高校毕业生离校前后信息衔接和服务手续，切实保证服务不断线。教育部门要将有就业意愿的离校未就业高校毕业生的实名信息及时提供给人力资源和社会保障部门。人力资源和社会保障部门要建立离校未就业高校毕业生实名信息数据库，全面实行实名制就业服务。

3. 各级公共就业人才服务机构和基层就业服务平台要及时主动与实名登记的未就业高校毕业生联系，摸清就业需求，提供有针对性的就业服务。教育部门和高校要加强对离校未就业高校毕业生的跟踪服务，为有就业意愿的高校毕业生持续提供岗位信息和求职指导。

4. 各地区要结合本地产业发展需要和高校毕业生就业见习意愿及需求，扩大就业见习规模，提升就业见习质量，确保凡有见习需求的高校毕业生都能得到见习机会。要根据当地物价水平，适当提高见习人员见习期间基本生活补助标准。高校毕业生见习期间参加职业培训的，按现行政策享受职业培训补贴。

5. 各地区要持续推动离校未就业高校毕业生技能就业专项行动，结合当地产业发展和高校毕业生需求，创新职业培训课程，提高职业培训的针对性和实效性，在高校毕业生集中的城市，要提升改造一批适应高校毕业生特点的职业技能公共实训基地。国家级重点技工院校和培训实力雄厚的职业培训机构，要选择适合高校毕业生的培训项目，及时向社会公布。

（七）创造公平就业环境的政策

1. 各地区、各有关部门要积极采取措施，促进就业公平。用人单位招聘不得设置民族、种族、性别、宗教信仰等歧视性条件，不得将院校作为限制性条件。省会及以下城市用人单位招聘应届毕业生不得将户籍作为限制性条件。

2. 国有企业招聘应届高校毕业生，除涉密等特殊岗位外，要实行公开招聘，招聘应届高校毕业生信息要在政府网站公开发布，报名时间不少于7天；对拟聘人员应进行公示，明确监督渠道，公示期不少于7天。

3. 各地区、各有关部门要严厉打击非法中介和虚假招聘，依法纠正性别、民族等就业歧视现象。加大对企业用工行为的监督检查力度，对企业招用高校毕业生不签订劳动合同、不按时足额缴纳社会保险费、不按时支付工资等违法行为，及时予以查处，切实维护高校毕业生的合法权益。

4. 各地区、各有关部门要消除高校毕业生在不同地区、不同类型单位之间流动就业的制度性障碍。省会及以下城市要放开对吸收高校毕业生落户的限制，简化有关手续，应届毕业生凭《普通高等学校毕业证》《全国普通高等学校毕业生就业报到证》与用人单位签订的《就业协议书》或劳动（聘用）合同办理落户手续；非应届毕业生凭与用人单位签订的劳动（聘用）合同和（普通高等学校毕业证书）办理落户手续。

5. 高校毕业生到小型微型企业就业、自主创业的，其档案可由当地市、县一级的公共就业人才服务机构免费保管。办理高校毕业生档案转递手续，转正定级表、调整改派手续不再作为接收审核档案的必备材料。

前沿动态：2020届应届毕业生的最新就业政策

1. 启动“24365校园招聘服务”活动；
2. 3月份计划举办各类网上招聘活动2万余场；
3. 用人单位与劳动者协商一致，可采用电子形式订立书面劳动合同；
4. 反对任何形式就业歧视；
5. 适当延长毕业生择业时间。

探索思考

谈谈自己应如何利用国家对大学生就业的扶持政策助推自我就业。

第三节 树立正确的就业观

情景导入

他为什么找不到"好"工作

小王是某高校2019级毕业生，小王认为大学里他努力学习专业知识，专业基础知识掌握扎实，毕业季来临的时候，希望在北京、上海等大城市找到自己满意的工作。可事与愿违，一年的时间很快过去了，直到6月中旬他依然执着地在各大城市间搜集用人信息、投递简历、参加面试。小王做了很多工作，但是还是一无所获。

【价值启迪】小王应清醒地认识到自己在职业价值观和就业观念中存在的误区，及时调整错误的择业观，立足自身，降低期望，正确定位，做出正确的职业选择。

在现代社会中，职业是多种多样的，人们的就业观念和职业期望也不尽相同。个人的职业期望能否变成现实，主要看其是否建立在合理的基础上。每一位大学生都应以自己的专业特长、个人素质优势及客观的社会需求为基础，树立正确的就业观和合理的职业期望，顺应时代潮流，到社会最需要我们的地方去，在今后工作中克服困难、做出成绩和贡献，得到社会的承认，为自己事业发展打下良好的基础。

一、就业观

（一）内涵

就业观是大学生依据自身的知识学习及社会体验所形成的对未来职业选择及职业发展的一种看法与态度，是人生观及价值观在就业过程中的一种体现。就业观作为一种就业选择及职业定位的态度，在大学生就业过程中起着重要作用。

资料链接：有趣的计算

如果令A、B、C、D……X、Y、Z这26个英文字母，分别等于百分之1、2、3、4、……

HARD WORK（努力工作）：H+A+R+D+W+O+R+K=8+1+18+4+

23+15+18+11=98%

KNOWLEDGE（知识）：K+N+O+W+L+E+D+G+E=11+14+15+23+12+5+4+7+5=96%

MONEY（金钱）：M+O+N+E+Y=13+15+14+5+25=72%

LEADERSHIP（领导力）：L+E+A+D+E+R+S+H+I+P=12+5+1+4+5+18+19+9+16=89%

LOVE（爱情）：L+O+V+E=12+15+22+5=54%

LUCK（好运）：L+U+C+K=12+21+3+11=47%

这些我们通常非常看重的东西都不是最完满的，虽然它们非常重要，那么，究竟什么能使得生活变得圆满？

ATTITUDE（态度）=A+T+T+I+T+U+D+E=1+20+20+9+20+21+4+5=100，你对生活的态度是最重要的。

点拨：思路决定出路，态度决定一切。

（二）树立正确就业观的意义

1. 有助于就业目标的实现。积极引导大学生根据自身能力和特质，理性选择与自身素质相对称的就业目标，顺利实现就业目标。

2. 有益于职业规划的确定。将就业观教育贯穿于整个大学生涯，能帮助大学生客观认识和定位自己，发现自身的优势和劣势，制定符合自身实际的职业规划。

3. 有利于成长成才的需要。从入学开始牢固树立积极进取的就业观念，通过刻苦学习专业知识，扎实掌握专业技能，不断提升就业竞争力，在未来的就业过程中在众多求职者中脱颖而出，实现成长成才的最终目的。

求职小故事：扎根西部建设边疆的志愿者：青春做伴西部放歌

这个毕业季，中国石油大学（北京）克拉玛依校区的丁贵阳和117名同学一起，决定留在新疆、建设新疆，丁贵阳说，“留在新疆，为国家探矿，为祖国献石油。我愿意担负起这一光荣使命。”西部艰苦，西部同样大有可为。因为理想、因为牵挂、因为想把自己奉献给让老百姓幸福的事业，辽阔神秘的西部，成为越来越多有志青年的择业选择。

习近平给中国石油大学（北京）克拉玛依校区毕业生的回信

中国石油大学（北京）克拉玛依校区的毕业生们：

你们好！来信收到了，得知你们118名同学毕业后将奔赴新疆基层工作，立志同各族群众一起奋斗，努力成为可堪大用、能担重任的西部建设者，我支持你们作出的这个人生选择。

这场抗击新冠肺炎疫情的严峻斗争，让你们这届高校毕业生经受了磨练、收获了成长，也使你们切身体会到了“志不求易者成，事不避难者进”的道理。前进的道路从不会一帆风顺，实现中华民族伟大复兴的中国梦需要一代一代青年矢志奋斗。同学们生逢其时、肩负重任。希望全国广大高校毕业生志存高远、脚踏实地，不畏艰难险阻，勇担时代使命，把个人的理想追求融入党和国家事业之中，为党、为祖国、为人民多作贡献。

各级党委、政府和社会各界要切实做好高校毕业生就业工作，采取有效措施，克服新冠肺炎疫情带来的不利影响，千方百计帮助高校毕业生就业，热情支持高校毕业生在各自工作岗位上为党和人民建功立业。

习近平

2020年7月7日

【价值启迪】习近平总书记给毕业生回

信，肯定他们到边疆基层工作的选择，对广大高校毕业生提出殷切期望。总书记的谆谆嘱托，让广大学子倍感振奋，大家纷纷表示，要用实际行动担起时代使命，为中华民族伟大复兴的中国梦矢志奋斗，这也彰显了青年人浓浓的家国情怀。

二、当前大学生就业观念中存在的问题

（一）大学生就业期望值过高

所谓就业期望值，就是学生毕业时对自己即将从事的工作的薪资标准、工作环境、发展潜力等的基本预期。一方面，高级职业技术人才奇缺，许多企业高薪诚聘技能型人才不能满足需求；另一方面，大量毕业生找不到工作，存在就业难的问题。导致这一就业矛盾现象有很多原因，其中，毕业生过高的就业期望值一个很重要的原因。

据《2019年中国大学生就业报告》表明，78.9%的大学生在就业时将薪资作为第一要素来进行考虑。大学生在择业时只考虑薪资可否继续供其进行消费、满足其欲望，已经成为一种常见观念和普遍现象，具体表现就是以“薪酬高低”论英雄。

（二）大学生就业心态浮躁

随着利益观念在人们意识中的增强，一些毕业生的功利性就业观念也日益增强。首先是怕吃苦，表现为消极就业和等待就业。面对激烈竞争的就业市场，不是自己主动寻找工作，而是把希望寄托于政府、学校及家长身上，缺乏主动出击推销自己的勇气。当真正面对竞争时畏首畏尾，不能正确把握手中的就业机会。其次是想获得高收入，对薪酬的期望值过高导致在就业上偏好沿海发达地区及大城市，不愿去西部地区和基层发展。广大西部地区、边远城市还存在人才匮乏的状况，有充足的就业需求和巨大的发展空间，但很多高校毕业生嫌弃这些地方收入低，造成“有业不就”的局面。

（三）大学生就业目标过分求稳

受“铁饭碗”观念的影响，公务员、律师、教师、医生等是目前稳定性较强的职业，这些“铁饭碗”无疑是大学生最为向往的。每年，相当一部分高校毕业生都试图通过各种途径进入国有单位，以求稳定。近年来，大学生报考公务员等岗位的热情有增无减，有人连续考多年，大有不达目的不罢休的态势，错过了就业的黄金期。

求职小贴士：切记择业“五忌”

1. 忌仓促上阵：一定要有精神和物质方面的充分准备。思想上，要有自信心；物质上，必需的证件和资料要准备好，应聘被录取后的路费、生活费等要提前准备好。

2. 忌眼高手低：要客观估价自己的能力，把握机会，不要这山望着那山高。不要过份强调专业对口，要先就业后择业；先求生存，后求发展；先蓝领，后白领。

3. 忌互相攀比：你的同学或同乡找的单位或待遇比你好一些，如果你有攀比的思想就放弃现在的机会，结果你会一事无成。

4. 忌轻信受骗：有的同学由于自身原因，对学校推荐就业的单位不满意，就到不正规的人才市场或职介所去求职，“病急乱投医”，往往受骗上当。

5. 忌要价过高：如果你选中了满意的单位，工资待遇上不要提出过高的要求，要有长远的眼光。

三、树立正确的就业观

（一）大学生应具备的就业观

1. 树立个人利益与国家需要相结合的观念

作为大学生，所想的应该是如何适应社会和企业的需求，只有在这个前提下，才有可能实现自己追求的价值。大学生要有为国家和社会服务的意识，要树立个人利益与国家需要相结合的观念，个人价值的高低取决于对社会奉献的大小，个人价值应包含经济效益和社会效益，不能一味只强调经济效益。

2. 树立勇于竞争的观念

竞争意识是现代人必备的素质之一。现代社会对人才的需求越来越高，特别是“竞争上岗”的推广和实行，人才的竞争更加激烈。面对就业市场激烈的竞争，大学生要摆脱被动依赖、消极等待的状况，树立敢于竞争、“爱拼才会赢”的观念。大学生要培养自己雄厚的竞争实力，坚持正确的竞争原则，拥有坚定的竞争自信，打破“等、靠、要”的消极就业观念，不断学习新的知识与技能，不断提高自身素质，把自己培养成为适应社会需要的人才。

3. 树立先就业后择业的观念

大学生要树立不断进取的职业流动观念，并学会在流动中发现机会、抓住机

会、把握机会。刚刚毕业的大学生必须从自身的实际情况出发，牢固树立“先就业，后择业、再创业”的意识。要认识到随着我国高等教育从“精英化教育”向“大众化教育”转型，大学生已不再是天之骄子，而只是一名普通劳动者，要不断积累社会经验和工作经验，根据现实状况和个人兴趣特长，一步一个脚印扎扎实实走好自己的人生就业之路。

4. 树立自主创业和终身学习的观念

国务院总理李克强在2014年夏季达沃斯论坛上说，要在中国掀起大众创业、草根创业新浪潮。李克强总理激励大众创业、万众创新，就是使青年人在选择人生线条中多谋一种思维、多担一份责任，争取多一份人生磨炼。随着知识经济和信息化社会的到来，大学生必须不断学习新知识才能适应社会发展的需要，否则将会被职业无情地淘汰。大学之后的延伸学习和重新学习，对于选择及重新选择职业岗位和取得职业成就，无疑具有更为重要的意义。

5. 树立到基层、农村去就业的观念

大学毕业生树立到基层、农村去就业的观念已势在必行。大学生要树立起“哪里有用武之地，就到哪里去；哪里需要，就到哪里去”的就业观念。大学生到基层工作的发展前景是广阔的，基层的工作经验是未来职业发展的坚实基础。要认清新形势下所面临的日趋严峻的就业形势，树立与经济和社会发展相适应的科学的就业观，真正从思想观念上实现转变。

求职小故事：2019年感动中国十大人物黄文秀——兰谷遗芳远

黄文秀（1989年4月18日—2019年6月17日），女，壮族，中共党员，广西壮族自治区百色市田阳区巴别乡德爱村多柳屯人，2016届广西定向选调生、北京师范大学法学硕士。生前是广西壮族自治区百色市委宣传部副科长、派驻乐业县新化镇百坭村第一书记。2018年3月26日，黄文秀来到广西壮族自治区百色市乐业县新化镇百坭村担任驻村第一书记。2019年6月17日凌晨，黄文秀从百色返回乐业途中遭遇山洪因公殉职，年仅30岁。

【价值启迪】有些人从山里走了，就不再回来，你从城里回来，却再没有离开。来的时候惴惴，怕自己不够勇敢，走的时候匆匆，留下最美的韶华。年轻人应该树立正确的职业价值观，坚守职业理想，淡泊名利，以社会需要为己任，将小我融入大我，到祖国最需要的地方去。

6. 树立既要发挥专业特长，又要注重综合素质的观念

一味强调专业对口并不现实，用人单位更加注重大学生的综合素质和能力。

从人才市场目前的需求可以看出，随着岗位技术含量的提高，单位对人才可选择的空间扩大，大多数用人单位招聘人才时，往往注重的是应聘者个人的能力和综合素质，至于专业是否对口，并不过分计较。因此大学生要不断扩充自己的知识面，注重培养自己的综合素养和能力，要主动适应市场经济的发展，不断拓宽自己的就业领域。

（二）“十四五”规划纲要指导下应该具备的就业理念

1. “新工业革命”推动经济转型升级带来的就业机遇

中国正处在工业化中期转后期的过渡期，传统工业亟待转型升级。工业要进行升级，智能机器代替笨重机械设备，专业设备的操作使用等一系列技能的复合型人才就站在了求职大军的最前沿，成为国企和各类企业竞相追捧之才。因为这部分人才能够加快产业结构调整升级，使中国尽快脱去“中国制造”的标签，换上“中国研发”的新衣。他们顺应了社会需求的潮流，扼住了时代的咽喉。

2. 深化农村改革，大学生朝向基层发展

中国 14 亿人口，8 亿农民，要想脱贫致富，首先要富裕农民。农村改革的重点在土地制度改革、经营制度改革和加快农业现代化上。这就需要知识型人才在政治、经济、科技等方面深入基层进行指导。大学生带着先进的技术和全新的政治经济头脑为基层发展建功立业，把保障农民权益和合法经济利益、指导“三农”建设作为自己职业定位，实现自身价值。

3. 新业态成为大学生就业新选择

互联网数字经济下，新职业、新业态蓬勃发展，不仅提供了大量就业岗位，也为更多大学毕业生就业提供了新的选择。新业态有更大的挑战、更广阔的舞台，大学生接受新生事物快，往往走在高科技支撑的新业态前沿，引领时代潮流，甚至是新业态的承载者和创造者。对于大学生来说，新业态迎合了大学生的心理期待，让大学生在不断挑战自我中获得更好成长。

4. 发挥主观能动性实现创新创业

国务院出台了《关于深化高等学校创新创业教育改革的实施意见》，其中指出允许大学生保留学籍休学创业，并且整合财政和社会资金支持大学生创业。这一政策的出台，真正做到了为大学生创新创业保驾护航。政府、社会和学校多管齐下为大学生创业输送动力，大学生可以充分发挥聪明才智，在国家大政方针的指导下完成求职选择。

（三）合理调整就业期望值，顺利实现就业

就业形势日益严峻，各类院校应积极引导大学毕业生树立正确的人生观、价值

观，树立行行建功、行行立业的观念，合理调整就业期望值，选择正确的择业道路，顺利实现就业。

大学生应从以下几个方面做好就业期望值的调节工作。

1. 正确认识和评价自己，准确定位职业目标

只有全面客观地认识自己、评估自己，才能确立适合自己的职业目标，对将来的就业有一个合理的预期。为此，大学生应做到以下几个方面。

（1）自我反省

要学会正确认识和评价自我，明确自己今后的职业发展方向是什么，自己的性格、气质特点是什么，自己最适合干什么工作，自己的优势和劣势是什么等方面，作出正确的职业定位。

（2）社会比较

在正确认识和评价自己的基础上，将自己与社会上的其他人做比较。一是要通过与自己条件、情况类似的人比较来认识自己，避免孤立地认识和评价自己；二是要通过他人的评价和态度来认识自己，看看别人是怎样评价自己的；三是要通过参加社会活动，从活动的结果来分析、评价和认识自己，如参加社会实践、毕业实习等。

（3）心理测验

毕业生可根据自己的需要，在专业人员的指导下，对自己的气质、性格、兴趣、职业倾向等进行测验，通过测验分析，明确自己的个性特点，找出适合自己的职业方向，从而减少择业的盲目性，避免承受不必要的心理挫折。

就业期望值主要涉及眼前利益问题，而个人职业生涯是一个人一生连续担负的工作职业和工作职务的发展道路。因此，每个大学生都应意识到，适当降低就业期望值也可能只是飞起一跃之前的预备而已。

2. 提高心理素质，保持良好的心态

职业和地位如何，遭受挫折和失败多少，处境的好坏，身体条件、学历和智商的高低等都不能决定人的命运和人生的价值。唯有真正认识自我，发展积极的心理素质，才是决定性的因素。所以说就业处境和位置并不是最重要的，做好心理准备，对未来就业做出合理的预期才是最重要的。

3. 了解就业信息，正确认识就业形势

在信息化高速发展的现代社会，毕业生应具备“信息就是机遇，信息就是成功”的择业理念，有意识地、及时地多方收集并掌握大量可靠的劳动力市场供求信息和就业信息，正确认识和分折面临的就业形势，从而及时调整自己的择业意向与就业期望，使自己的就业期望值更符合客观的就业需求，从而顺利实现就业。

资料链接：习近平总书记关心高校毕业生就业

2020 年 23 日下午，习近平总书记来到中国一汽集团研发总院实验室，了解集团新技术研发情况。听说现场有几位是今年刚毕业的大学生，习近平总书记关切地询问他们是哪所学校毕业的？收入怎么样？来这里工作满意吗？企业负责人介绍，今年一汽集团共招聘了 1115 名应届高校毕业生，习近平总书记听了十分高兴。他说，受疫情影响，今年高校毕业生、农民工等群体面临就业困难。各级党委和政府十分关心，将其作为重大民生工作任务，积极创造条件确保高校毕业生就业。广大高校毕业生也要改变择业观、就业观，找到自己的定位，投入踏踏实实的工作中，实现自己的人生理想。

【价值启迪】2020 年就业形势虽然严峻，但是国家也出台了相关政策积极促进大学生就业，大学生要辩证地看待就业形势，找准自身的定位，在不断的实践活动中提升自身的能力，有意识地塑造良好的职业素养和积极健康的职业观，顺利实现职业理想。

探索思考

针对当前大学生就业难问题，结合所学专业，尝试分析如何提升自我就业竞争力？

第四节 技能提升训练营

一、活动名称

“知己知彼·赢战职场”——SWOT个人职场能力分析

二、活动目的

运用SWOT分析法，清楚地知道自己的个人优点和弱点在哪里，仔细地评估出自己所感兴趣的不同职业道路的机会和威胁所在，分析自己在就业过程中自身的优劣势以及就业形势、政策来帮助自己更加明确形势并据此来制定自己的职业发展目标以及为达到目标所采取的措施。为此提高大学生职业生规划的合理性和现实性，提升大学生职业生涯规划能力，最终提高大学生的就业能力。

三、活动设计

活动时间：90分钟

活动对象：合堂班全体成员

活动形式：笔试

四、活动步骤

求职者在进行SWOT分析时，应遵循以下4个步骤。

1. 评估自己的长处和短处

我们每个人都有自己独特的技能、天赋和能力。在当今分工非常细的市场经济里，每个人擅长于某一领域，而不是样样精通（除非天才）。通过列表，你可以找出自己不是很喜欢做的事情和你的弱势。找出短处与发现长处同等重要，因为你可以基于自己的长处和短处做两种选择：一是努力去改正常犯的错误，提高技能；二是放弃那些对自己不擅长的技能要求很高的职业。列出自认为所具备的很重要的强项和对你的职业选择产生影响的弱势，然后再标出那些你认为对你很重要的强、弱势。

2. 找出职业机会和威胁

不同的行业（包括这些行业里不同的公司）都面临不同的外部机会和威胁，这对求职是非常重要的，因为这些机会和威胁会影响你的第一份工作和今后的职业发展。请列出自己感兴趣的一两个行业，然后认真地评估这些行业所面临的机会和威胁。

3. 提纲式地列出今后5年内的职业目标

仔细地对自己做一个SWOT分析评估，列出从学校毕业后5年内最想实现的4

至5个职业目标。请时刻记住：必须竭尽所能地发挥出自己的优势，使之与行业提供的工作机会匹配。

4. 提纲式地列出一份今后5年的职业行动计划

这一步主要涉及到一些具体的东西。请拟出一份实现上一步列出的目标的行动计划，并且详细地说明为了实现每个一目标，你要做的每一件事，何时完成这些事。如果觉得需要一些外界帮助，请说明需要何种帮助和如何获取这种帮助。拟订详尽的行动计划将帮助你做出决策，就像公司事先制订计划为职业经理们提供行动指南一样。

当做完详尽的个人SWOT分析后，你将有一个连贯的、切实可行的个人职业策略供自己参考。

课后寄语

大学生要辩证分析当前面对的就业形势，积极了解国家就业政策，拓宽就业渠道；树立正确的就业观，增强就业竞争意识，掌握求职择业的基本常识和技巧，把握大学生就业市场的特点和功能，积极去基层和一线锻炼自己，不怕挫折、勇于吃苦，不断提升就业能力。

思维导图

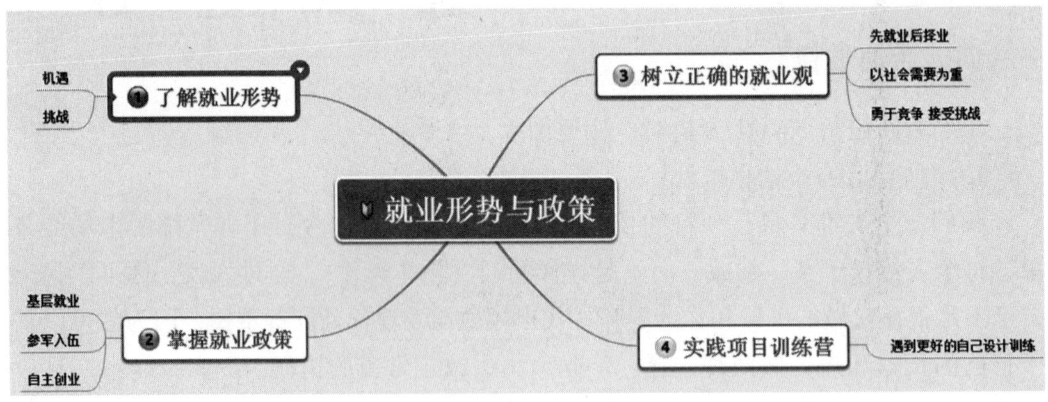

课后测验（扫码自测）

中篇　叩开职场之门——求职技巧篇

就业是民生之本，大学生就业事关广大学生及其家庭切身利益，事关社会主义现代化建设，事关社会和谐稳定，2020 届全国普通高校毕业生达 874 万人，大学生就业工作面临复杂严峻的形势，通往成功的路上，需要具备哪些品质?本篇将为同学们送上了人生的“锦囊”，引导同学们做好人、追好梦、走好路。将从求职准备、择业心理、面试礼仪、三个专题进行讲述，帮助学生提升就业能力，调适择业心理，掌握面试技巧，保护就业权益，从而能够开启职场大门，实现人生价值。

专题三　未雨绸缪　“职”面未来

——求职择业准备

开篇导读

曾经看到这样一段话：“自从遇见你，我所做的每一件事都是为了接近你，每个人也许都经历过这些，我把它叫做青春。”每个同学满怀青春梦想，想找一份理想的工作，即将走出象牙塔的毕业学子们，该如何实现自己的职业梦想？职场如同战场，在种种机遇与挑战面前，能否做到知己知彼、充分备战呢？大学毕业生必须深化对竞争机制的认识，强化自身的竞争意识，做好参与竞争的思想准备。不少大学生在就业前很迷茫，不知该做哪些准备。本篇将为同学们送上人生的“锦囊”，引导同学们做好人、追好梦、走好路，积极储备知识，广泛搜集信息，完善求职材料，做好充足准备，迎接就业挑战，叩开职场大门……

目录

- 就业知识准备
- 就业信息准备
- 求职材料准备
- 技能提升训练营

学习目标

素质目标：树立竞争意识和忧患意识，养成积极进取的优秀品质，坚定成功就业信念；铸就工匠精神与担当，树立精益求精、一丝不苟的职业态度，悟初心、守初心、践初心，努力只争朝夕，不负韶华！

能力目标：学生能够积极备战就业，搜集就业信息，做好求职材料，主动求职，把握机遇。

知识目标：了解和掌握择业准备的具体内容，掌握求职材料的制作方法与技巧。

思政元素

- 积极进取的竞争意识
- 精益求精的工匠精神
- 别具一格的创新意识
- 科学规划的人生态度

第一节　就业知识准备

情景导入

不奋斗，你的才华如何配上你的任性；

不奋斗，你成长的脚步如何赶上父母老去的速度；

不奋斗，世界那么大，依靠什么去看看。

一个人老去的时候，最痛苦的事情不是失败，而是我本可以。

每个人心里都有一片海，自己不扬帆，没人帮你启航，只有拼出来的成功，没有等出来的辉煌！

——农民工致所有莘莘学子

【价值启迪】当今世界，各种知识浩如烟海，各门学科交叉渗透，科学技术的发展突飞猛进，一个人要想百事皆通，掌握各方面的知识是不可能的，这也不是现代职业岗位所需求的。现代职业欢迎的是这样的求职者：他们拥有较高的知识水平，并能根据社会的发展和所选职业的具体要求，将自己的知识科学地组合以形成合理的结构。面临求职择业的大学毕业生以及在校学生，应该充分认识知识结构在选择职业和就业中的重要作用，根据社会的需要塑造自己，既要注意用丰富的知识充实自己，又要注意建立自己合理的知识结构，做好求职择业的知识准备。

课堂讨论

如何理解“机遇总是垂青那些有准备的人”?

机会总是降临在有准备的人身上。每个人在出生时可能才智会有所差异，但是人们与生俱来的斗志却又是相同的，只是有的人愿意倾力付出，而有些人却吝于付出。因此，当我们在看到别人的成就时不要急于羡慕或嫉妒，反省一下自己的付出，问一问自己是否做好了充分的准备。成功的道路上荆棘遍地，战胜困难的唯有信心与坚韧。而对于大学毕业生来说，成功就业道路上的这份信心与坚韧首先就来自于其充分的知识储备。

知识要点

知识就是力量。知识是一种潜移默化的力量，更是打造灵魂的重要力量。大学生必须要具有完备的知识结构。知识结构是指一个人所拥有的知识体系的结构情况与结合方式，是一个整体的信息系统，它由多种要素有序地组合形成。大学生不仅要具有扎实的基础知识，还要具备精深的专业知识，同时还需要具有广博的新知识储备。

一、扎实的基础知识

从目前诸多大学的人才培养模式来看，大学生从进入校园开始即已分好系别和专业，在这样的培养模式下，虽然学生的专业化水平较高，但他们往往学到的是仅限于本专业的一些基础知识，毕业就业后往往表现出较差的适应性，这与我们高校教育所倡导的培养承担民族复兴大任的时代新人要求是不相符合的。高校教育最根

本的一点就是要实现“以点带面”，不断扩大学生的基础知识面，只有这样，才能培养出符合新时代发展要求的人才。

基础知识是知识大树的躯干，是知识结构的根基。大学毕业生将来无论是选择何种职业，走上哪个岗位，都需要有扎实的基础知识来做保障。当前，随着“互联网+”时代的到来，特别是在大数据的背景下，社会各行各业的结构调整必然会加快速度。因而，大学生在求职择业时的选择也必然不会从一而终，会随着岗位的变动而随时变动。在这种情形之下，大学生要想适应随时变化的需求，就必须要掌握扎实的基础知识，积极拓展自己的知识面，为毕业后的择业、就业创造更多的机会。

二、精深的专业知识

与基础知识相对，专业知识是知识结构的核心内容，也是科技人才知识结构的特色所在。一般来说，大学生所从事的是专业性比较强的工作，若没有专业特色，大学毕业生很难成为新时代社会发展所需要的科技人才。精深的专业知识，要求大学毕业生对自己所学专业及所从事的职业在知识和技术层面要具有一定的深度和较高的质量。

随着科学技术的日新月异及产业结构不断升级，现代各类职业对从业者的要求基本可以概括为“程度高、内容新、实用强”。“程度高”指知识量大、丰富、知识面宽；“内容新”指从业者的知识结构中应以反映当今科学技术发展状况的新知识、新信息为主；“实用强”指从业者的知识在生产、工作中有很强的实用价值。除了对口的专业知识之外，如果大学毕业生在某一特定领域拥有专业所长，如书法、舞蹈、篮球等，也会间接增加其成功就业的砝码。

三、广博的新知识储备

在中国特色社会主义进入新时代的这个关键时期，我们面临着新形势、新挑战、新任务，这就要求大学生要与时俱进，不断更新自己的知识结构，广泛涉猎各种新知识。单纯依靠某一领域的狭隘知识和陈旧知识，大学毕业生将很难适应工作发展的需求。当然，随着互联网时代的到来，网络为新知识的传播提供了便利的条件，大学毕业生可通过新媒体技术，不断了解最新的知识和最广博的知识，以此来拓展自己的知识面，从而适应不断变化发展的社会需求。

资料链接：2020毕业生，紧跟时代大格局

时代格局中，个人发展应顺势而上，迎合时代发展，这样才能成为时代的弄潮儿，在职业发展上走得更长远、更踏实。

第一，提升学历，在专业领域打好基础。由于时代的进步和大学的扩招，近年来各个行业招聘均对学历提出更高的要求。

第二，培养复合专业能力，成为“技术流”。无论从事哪个行业，在打下本专业的专业基础之外，也需要有其他专业知识的储备，这二者甚至多者叠加起来，则是职业胜任力。

第三，外语、计算机能力不能少。当前各个行业的国际交流都很频繁，中国巨大的经济市场吸引了大量外国友人。因此，不仅是外企以英语等为工作语言，对于绝大部分职位外语都是重要工具。计算机则几乎是一切岗位的必须工具，无论自然科学还是人文社科的行业，都需要计算机来辅助进行工作，常规办公软件是基础，多学几门计算机语言是关键。

第四，剑走偏锋，不盲目追热门。当前，一二线城市是就业热门，因为经济繁荣，大单位和名企较多，所以受到毕业生青睐。扎堆大城市的现象背后，是更加激烈的竞争，做鸡头，还是做凤尾，始终是至关难题。

总之，在追求高质量就业的路上，毕业生在做出选择时，应充分考虑时代背景，紧追时代大格局，找准自己的定位，在时代大潮中乘风破浪，赢在职场。

四、大学生获取知识的途径

课堂讨论

“书山有路勤为径，学海无涯苦做舟”，作为新时代的大学生应该如何获取知识呢？

大学生获取知识的方式多种多样，最基本的途径主要有以下几种。

1. 阅读书籍

书籍是全世界的营养品。梦想从学习开始，而读书是学习的重要途径，良好的读书习惯是我们人生的财富，将终身受益。现实中的诸多问题，我们都能从书籍中找到答案，所以，大学生要多读书、乐读书、会读书、读好书。

2. 学人之长

三人行，必有我师。大学生要善于发现他人的长处，取他人之长补自己之短。师者，传道受业解惑也，在这些人中，要特别注意向老师学习。

3. 网络学习

随着“互联网+”及大数据时代的到来，网络在大学生的生活和学习中扮演的

角色愈来愈重要，因此，大学生要充分发挥网络的作用，通过网络信息手段不断获取知识。

4. 生活实践

实践也是大学生获取知识的重要途径，现实中的很多知识仅凭书本是无法获得的，大学生要勤于实践，将理论与现实的各项实践结合在一起，在实践中不断拓展自己的知识面。

新时代的大学生应不断完善自身的知识结构，丰富各种基础知识，同时也要具备较深的专业知识功底。与此同时，还要不断学习和掌握最新的知识。如果知识面太窄，则难以适应工作的需要；缺乏本行业的专业知识，就无法实施具体的工作；缺少本行业的新知识，就会被时代发展所抛弃。因此，在学习过程中，应把这三方面结合起来，努力成为时代新人。

求职小贴士：怎样读书？

“吾生也有涯，而知也无涯”。对学习的追求是无止境的，既需苦学，还应“善读”。一方面，读书要用“巧力”，读得巧，读得实，读得深，懂得取舍，注重思考，不做书呆子，不让有害信息填充我们的头脑；另一方面，也不能把读书看得太容易，不求甚解，囫囵吞枣，抓不住实质，把握不住精髓。

——摘自《之江新语》

读书百遍，其义自见。功夫下到一定程度，就能达到出神入化的境界。一本好书、一篇好文章，要反复读、仔细品，甚至把相关书籍和背景资料找来对照读、比较读，彻底琢磨清楚。

——摘自习近平总书记在中央党校2009年春季学期第二批进修班暨专题研讨班的讲话

探索思考

如何理解“知识就是力量”？作为新时代的大学生应该如何做好就业知识准备？

第二节 就业信息准备

情景导入

全力以赴与尽力而为

经验丰富的猎人带着他训练有素的猎狗出去打猎，猎人一枪击中一只兔子的后腿，受伤的兔子开始拼命地奔跑。这个时候猎狗在猎人的指示下也飞奔去追赶兔子，但是追着追着兔子跑不见了，猎狗只好悻悻地回到猎人身边，猎人开始骂猎狗了“你真没用，连一只受伤的兔子都追不到！”猎狗听了很不服气地回道：“我尽力而为了呀！”

兔子带着伤跑回洞里，它的兄弟们都在围过来惊讶地问它：“那只猎狗很凶呀！你又带了伤，怎么跑得过它的？”“它是尽力而为，我是全力以赴呀！它没追上我，最多挨一顿骂，而我若不全力地跑就没命了呀！”

【价值启迪】人的潜能是无限的，但很多时候我们都能对自己或者是别人找借口：“管他呢，我已经尽力而为了。”但在事实上尽力而为是远远不够的，尤其是现在这个竞争激烈、到处充满危机的年代。要想获取成功，那么不妨经常问自己：“我今天是尽力而为，还是全力以赴了？”

随着科学技术越来越发达，互联网媒体越来越多，信息在我们生活中逐渐膨胀起来，信息如同人类生活所必需的空气，任何人都无法离开它，正如“没有物质的世界是虚无的世界；没有能源的世界是死寂的世界；没有信息的世界是混乱的世界”所说，当今这个信息社会，谁能够掌握信息，谁就能够拥有更多的主动权。对毕业生来说也是如此，就业信息是学生求职择业的必备条件，关系到其求职择业的成败。毕业生应该像受伤的兔子一样全力以赴地做好充分的就业信息准备，为成功就业奠定基础。

知识要点

一、就业信息

（一）就业信息的含义

就业信息是指用人单位通过各种途径发布的、求职择业者未知的、经过加工处理和认真筛选后对求职择业者具有一定价值且客观存在的有关职业和岗位的信息与情报。

（二）就业信息的特点

作为信息的一种形式，就业信息通常具有以下几个特征。

1. 真实性

当前，我们生活在一个信息大爆炸的社会中，每天每时每刻都会接收到许多来自不同渠道的不同信息，由于传递方式、传播人员等不同，我们往往接收到的同一个信息的真实度也会有所差异。特别是在当前人才市场尚不健全的情况下，虚假信息的存在往往会导致大学毕业生上当受骗，最终人财两空。因此，在毕业季这个特殊的时刻，大学毕业生必须要保持清醒冷静的头脑，谨慎对待、认真辨别各种就业信息的真实性，避免上当受骗。

2. 时效性

“机不可失，失不再来”，时效性是就业信息非常重要的一个特征。求职择业过程中，每一条信息都有明确的时间要求，即在一定的时限内是有效的，而超过了这个时限就失去了它的价值。从这个角度上来说，大学毕业生在求职择业过程中获取、整理和处理信息时，一定要注意信息的时效性，在有效的时间内做出正确的判断和选择，从而避免信息资源的浪费。

3. 准确性

用人单位所公布展示的就业信息必须要全面、准确，不能似是而非，含糊其辞，否则会给求职者及自身带来诸多不必要的麻烦。当大学毕业生在求职择业过程中遇到模棱两可的信息时，不要急于做出选择，而是应该向用人单位咨询确定信息的内容，明确用人单位的要求及其他注意事项，以此来决定是否进行下一步的行动。

4. 针对性

由于用人单位性质、用人岗位需求的不同，在求职择业过程中，大学毕业生所面对的就业信息也各有不同。但无论是哪一条就业信息，都是针对特定的对象而言的，具有较强的针对性。因而，大学毕业生在就业过程中，要综合考虑自身的实际情况，选择对自身而言针对性较强的信息进行收集、整理和处理，避免盲目性，从而减少造成不必要的人力、财力浪费。

5. 共享性

就业信息一经公开发布，就为人所共享。某一就业信息共享的人越多，反应者越多，竞争就越激烈。随着大学毕业生人数的逐年增加，就业信息的共享者越来越多，假设在就业信息总量不变的情况下，信息利用的竞争形势就会越来越严峻。因此，毕业生在得到就业信息后，首先应迅速做出决断，对自己认为有价值的信息立即采取行动、做出反馈。其次，要针对信息，在自己的行为和相应的自荐材料中突出自己的特色和优势，使自己与众不同，才能在众多竞争者中脱颖而出，引起招聘者的注意。

二、就业信息的获取

（一）就业信息获取的原则

1. 真实性、准确性原则

“真”就是要做到信息准确无误。当你从各种渠道收集到大量需求信息后，要善于对比鉴别，去伪存真。“实”就是搜集的信息要具体，如用人单位的地址、环境、生产规模、发展前景、使用方向、人员构成、生活待遇、联系人、联系电话、网址、电子信箱等方面。此外，还需了解清楚用人单位需要的是什么学历、什么专业、什么素质的人才，在生源、性格、性别、相貌、外语水平等方面有无特殊要求等。

2. 针对性、适用性原则

首先要明确收集信息的目的，有了明确的目的，信息收集才有方向，才有针对性；其次就业信息纷繁复杂，形形色色，并不是每一条信息都适合自己，因而，毕业生要准确认识自身的专业、特长、能力、性格、气质等方面的因素，明确自己所需就业信息的范围，做到有的放矢，增强就业信息的适用性。

3. 系统性、连续性原则

将各种相关的、零碎的信息积累起来，然后加工、筛选，形成一个能客观地、系统地反映当前就业市场、就业政策、就业动向的就业信息链，为自己的信息分析和择业提供更可靠的依据。同时，保持信息的连续性，一些用人单位因搬迁等原因而导致毕业生原有的信息失真，但如果毕业生建立了连续的电子就业信息库，就可以根据原有的信息而重新发掘信息，输入信息库，这样毕业生就可以在任何时候都享用就业信息。

4. 计划性、条理性原则

收集信息有计划性是指根据事先拟订的计划收集不同类型的企业、事业或公司的就业信息，并根据自己希望就业的地区，有重点地收集，避免大海捞针；同时，将收集来的就业信息进行归类，或以时间先后，或以地区不同，或以工资待遇等，做到就业信息具有条理性，以便于毕业生方便、快捷地使用这些就业信息。

课堂讨论

“青年处于人生积累阶段，需要像海绵汲水一样汲取知识”，作为新时代的大学生，我们应该如何惜时如金，积极获取就业信息？

（二）就业信息获取的途径

大学毕业生获取就业信息的途径多种多样，概括来说主要包括个人渠道、校园渠道、社会渠道、网络渠道及其他渠道。

1. 个人渠道获取

（1）充分利用各种社会关系获取

相当一部分毕业生通过自己的社会关系网络求职成功，这种社会关系主要包括家长、亲戚、朋友、老师、同学、校友等。家长和亲友是最为关心毕业生就业情况的群体，而他们的社会关系往往也较为广泛，可利用的社会资源较为丰富，因而，这一群体是毕业生就业信息获取最有力的后盾。教师，特别是班主任或本专业的任课教师，通常情况下比别人更加清晰毕业生的求职择业方向和优势，而且他们往往在社会交往、学术交流、兼职教学、指导学生实习实践等活动中与诸多对口单位广泛接触，因而，这一群体是毕业生就业信息获取的最可靠保障。同学、校友也是毕业生求职择业信息的可靠来源，因为校友，特别是同专业的校友多在对口单位工作，对所在单位的相关情况较为熟悉，毕业生通过他们可以获得诸多具体且准确的信息，因而，毕业生不应该错过历届的同学会和校友会，同时要多与同学和校友保持良好的联系和交流。

（2）积极利用实习实践途径获取

“纸上得来终觉浅，绝知此事要躬行”，大学生在校期间参与校方组织或自己寻找的实习实践是实现理论与实践相结合的重要方法。同时，毕业生在求职择业过程中面临的重要难题就是缺乏对社会人才需求的了解，而毕业生所参与过的社会实践和毕业实习等活动，是毕业生与用人单位互相了解的良好途径。毕业生在参加社会实践和毕业实习时，应该尽力选择到意向就业单位或目标职业单位，注意了解所在的企事业单位各方面的具体情况，并争取在实习和实践过程中有突出表现。倘若各方面表现非常突出，社会实践和毕业实习极有可能成为毕业生求职择业成功的难得机遇。

（3）主动利用上门考察机会获取

通常情况下，漫无目的地将个人简历随意寄送给用人单位，这种方法的求职成功率最低。但是，毕业生亲自叩响意向企业或单位的大门，通过直接上门考察的方式询问他们需要什么条件的员工，自己是否可以胜任，这种方法的成功率将会成倍提高。此外，倘若毕业生对某些单位感兴趣，可以去寻找在该单位工作或供职的亲朋好友或同学，向他们了解该企业或单位的详细情况。

(4) 善于利用商品服务广告获取

商品广告是以介绍商品的名称、特征并进行销售说服等为主要内容的广告；服务广告是指广告主在对用户进行售前、售后服务过程中，对其进行的已有或者新推出的各种服务进行宣传。通过商品服务广告，毕业生可以搜集到某些用人单位的产品种类、大致销售范围等信息。值得注意的是，毕业生要特别注意该单位的特殊之处，或该毕业生认为值得对外宣传的特点，以便将来在求职择业时使用，从而增加用人单位对毕业生的好感。

(5) 利用其他途径获取

毕业生还可通过发函、电话咨询等方式咨询用人单位人事部门有无近期招聘信息，在发函时毕业生可附上一张回函邮票，以表达自己的求职诚心。

除此之外，毕业生还可以充分利用其他各种有效的方式来获取求职择业信息。

2. 校园渠道获取

毕业生通过校园渠道获取求职择业信息，主要是依托各院校的就业指导中心或就业办公室等就业指导机构。高校毕业生就业指导机构的主要职责有以下几点：向国家、地方主管部门和各用人单位征集用人相关信息并加以整理、归纳和分析；组织各种各样形式的供需见面会、招聘会和双选会等；负责为毕业生提供就业指导和就业咨询服务；编制就业生就业建议方案及处理毕业生求职择业过程中出现的一系列问题；等等。总体来说，高校就业指导机构是学校和社会相互交换求职择业信息的主要窗口，是毕业生和用人单位相互联结的重要纽带。

资料链接：校园双选会，你了解吗？

校园双选会，即校园招聘，是指招聘组织（企业等）通过各种方式招聘各类各层次的应届毕业生。

1. 专场招聘

在每年校园招聘的高峰时节，当地政府以及各高校都会组织一些大型的专场招聘会，为前来投递简历的学生提供面对面交流的机会，并及时进行选拔测试。

2. 校园宣讲会

校园宣讲会是企业在校园招聘伊始针对目标高校组织的专门讲座，通过企业高层人力资源负责人以及在本公司工作的该校校友的现身说法来传达公司的基本概况，介绍企业文化、发布职位空缺、招聘条件等，引导学

生全面地了解企业。

3. 实习招募

实习生计划作为校园招聘的“前奏”，一般在应届毕业生正式求职以前，特别是毕业前的暑假中，为经过初步挑选的大学生提供一些实习岗位，其中表现优秀的实习生，将会作为下一步被正式录用的备选人才。

4. 管理培训

高校中蕴藏着一大批极具领袖潜质的学生，从顶级的高校寻找精英人才，通过严格的选拔、系统的培训课程设计和定向的实践培养，定期安排在校学生实习和培训，最终从中挑选出优秀者进入公司。

5. 发展俱乐部

一些公司为了和高校常年保持联系，在校园里面建立了俱乐部，并不定期地组织一些活动。

6. 拓展夏令营

有的企业由于地域限制等原因不太适合招聘大量实习生，但又希望吸引优秀的大学毕业生，夏令营或参观计划就成了它们的选择。

3. 社会渠道获取

(1) 通过政府人事相关部门获取

政府人事相关部门主要是指政府教育部主管部门与毕业生就业指导部门。全国毕业生的主管部门主要是教育部，为了适应新形势下就业制度改革的需要，每年教育部都要制定毕业生就业相关的方针和政策，与之相适应，各省、自治区、直辖市等就业主管部门也要根据方针、政策制定各自的实施意见，并要定期开展各项信息交流和咨询服务活动。

(2) 通过人才市场相关渠道获取

人才市场及就业洽谈会拥有大量的求职信息，这些信息主要包括：岗位空缺信息，职业供求分析及预测信息，最新的劳动就业政策法规，职业培训信息，其他就业市场信息。在各地人才市场和定期、不定期组织的人才交流会上，毕业生可以通过与用人单位直接见面，获取许多信息，有的还可以当场拍板，签订协议，比较简捷有效，但总体来说成功率不高。同时，各高校、各地、各部门还在毕业生就业的高峰期举办各种类型、各种层次的“双选”洽谈会。由于这些洽谈会是专门针对高校毕业生组织的，因此与人才市场定期组织的人才交流会相比，针对性更强，毕业生和用人单位都有较强的目的性，获得成功的可能性比较大。

(3) 通过有关新闻媒介方式获取

报刊、广播、电视媒体等以其信誉度高、易为大众所接受等特点，成为各类企事业单位或组织介绍企业现状、发展前景和人才需求的重要工具。同时，毕业生就业作为社会普遍关注的热点问题，近年来也引起了新闻界的普遍重视，媒体对有关就业政策、热门话题、讲座、招聘广告等报道，教育部学生司和毕业生就业指导中心主办的《中国大学生就业》杂志以及各地人才市场报等，都是获取就业信息的渠道。很多毕业生获取的就业信息都来自于这些传统的新闻媒体。

4. 网络渠道获取

网上求职的特点是信息流量大、更新快、用人单位和求职者交流便捷迅速。网上人才交流毕竟代表着人才市场的未来和方向。作为求职者，上网求职只是时间问题，将来势在必行，越来越多的公司开始依靠网络招聘，并获得了成功。

5. 其他渠道获取

除了上述介绍的几种信息获取渠道外，毕业生还可以通过其他途径获取信息。例如，向你认为适合的用人单位写自荐信或求职信，然后通过电话预约，亲自登门拜访，这种“毛遂自荐”的方式也是获取就业信息的途径之一。还可以采用通过中介机构获取就业信息的方式，或通过在媒体发布自己的求职信息从而达到反向获取就业信息的方式。但这些方式盲目性大，准确性不高，因而命中率不高。不过在缺乏就业信息的情况下，这也不失为一种渠道。

资料链接：关于就业的网站，你知道多少?

特别推荐——关于就业你需要知道的网站

各地人社部门招聘网站

序号	地区	网站	网址
1	部级	中国公共招聘网	Job.mohrss.gov.cn
2	部级	中国国家人才网	www.newjobs.com.cn
3	北京	就业超市	Fuwu.rsj.beijing.gov.cn/jycy/jycs/index.html
4	天津	中天人力资源网	www.cnthr.com
5	河北	河北省公共招聘网	Rst.hebei.gov.cn/ggzp
6	山西	山西人才网	www.sjrc.com.cn
7	内蒙古	内蒙古人才网	www.nmrc.com.cn
8	辽宁	辽宁省就业人才网	www.lnjyw.net.cn
9	吉林	吉林就业创业网	Jljycy.hrss.jl.gov.cn
10	黑龙江	黑龙江就业地图	hljjob.org.cn
11	上海	上海公共招聘网	rsj.sh.gov.cn/zp/zyjs/index.shtml
12	江苏	江苏省职业介绍服务网	jsrlzyshbz.jiangsu.gov.cn/col/col57489/index.html
13	浙江	浙江人才网	www.chinazjrc.com

续表

序号	地区	网站	网址
14	安徽	安徽公共招聘网	www.ahggzp.gov.cn
15	福建	福建省公共就业服务网	http://220.160.52.235:81
16	江西	江西人力资源网	www.jxzp.cc
17	山东	山东公共招聘网	Ggzp.hrss.shandong.gov.cn/
18	河南	河南就业网	www.jiuye.gov.cn
19	湖北	湖北公共招聘网	www.hbggzp.cn
20	湖南	湖南人才网	www.hnrcsc.com
21	广东	广东就业	hrss.gd.gov.cn/jyzl/index.html
22	广西	广西人才网	www.gxrc.com
23	海南	海南省公共招聘网	zhaopin.hainan.gov.cn
24	重庆	重庆人才网	www.cqrc.net
25	四川	四川公共招聘网	www.sc91.org.cn
26	贵州	贵州人才信息网	www.gzrc.com.cn
27	云南	云南公共就业服务网	Jyj.yn.gov.cn
28	西藏	西藏公共就业招聘网	www.xzggjyzpw.com
29	陕西	陕西公共招聘网	www.snjob.gov.cn
30	甘肃	甘肃人才网	www.gszhaopin.com
31	青海	青海人才市场网	www.qhrcsc.com
32	宁夏	宁夏公共招聘网	www.nxjob.cn
33	新疆	新疆公共就业服务网	www.xjggjy.com
34	新疆生产建设兵团	新疆生产建设兵团公共就业服务网	Jyfw.xjbt.gov.cn/job

三、就业信息的筛选

职场小故事：求职需谨慎，三思而后行

李某，山东省德州市人，2016年毕业于东北大学，5月15日，李某通过“BOSS直聘”发简历给自称“科蓝公司”人事部的薛某。5月18日，“科蓝公司”通过电话对李某进行了面试，并通知其入职。据李某亲友介绍，5月20日上午，囊中羞涩的他带着几套换洗的衣服和一台笔记本电脑，独自乘城际列车去了天津。”7月14日，李某遗体被发现在静海区近

郊水沟内。7月21日，李某尸体被火化，他叔叔用双肩包把其骨灰背回山东，22日安葬。一个毕业不到一年的优秀而要强的大学生至此走完了人生之路，没来得及为父母尽孝，也没来得及享受人生。

毕业生通过网络渠道所收集到的原始就业信息比较杂乱，有相当一部分信息是没有用处的。毕业生应根据自己的实际情况和需求，对信息去粗取精、去伪存真，有目的、有针对性地加以筛选处理，使获得的信息更具准确性、全面性和有效性，使之更好地为自己的求职服务。

（一）就业信息筛选的原则

1. 去伪存真

对信息要讲可信度和可行性。在筛选过程中，对信息要辨明真伪，去伪存真。要进行一番调查了解，将确实可行、真实可信的信息列入择业计划。

2. 重点选择

在得到的所有信息当中，找出最满意、最理想、最符合自身条件的信息，把它放在择业日程的前列。其他信息同样按个人意愿与实际情况先后排序，择业时按轻重缓急进行。

3. 重点了解

对于个人认为是重点的信息，务求全方位了解，也可请别人做参谋，听听他人意见，切不可一知半解就匆忙行事。

4. 不耻下问

当你收集到一些需求信息后，为了弄清信息的可靠程度，应当通过各种办法，找有关人事部门去打听、澄清，以确定信息的可信程度。

5. 了解透彻

对于重要的信息要顺藤摸瓜，寻根究底，务求了解透彻，不能一知半解。要全面掌握情况，全面了解信息的中心内容。

6. 避免盲从

获取用人信息后，不能一味盲从，认为亲友告诉你的信息一定可靠，报刊上传播的信息肯定没问题。绝不要未经筛选就轻率做出选择，这样吃亏的只能是自己。

7. 适合自己

一切信息都要用来对照衡量一下，看是否适合自己。切不要好高骛远地去挑选不适合自己的工作岗位。

（二）就业信息筛选的步骤

1. 鉴别获取的信息

所获取的信息不一定都全面、准确，因此要对信息进行细致的鉴别和判断，并加以澄清和剔除，使之更好地为自己的求职择业服务。鉴别信息，首先要确定信息的可靠程度，对不可靠和心里不踏实的信息要通过各种信息渠道向知情人士去打听。其次，要鉴别信息的内容是否齐全，特别是发现自己想要知道的细节没有或者不清楚时，要抓紧时间进行一番实际考察，旁敲侧击地询问一些情况，或通过其他渠道了解，还可以在应聘时向主聘人提出。总之，要等信息基本准确之后再做决定。

2. 按照自我标准，将信息排序

在信息加工之前，首先给自己草拟一个职业选择提纲，确定择业标准。其次，按照标准进行初选，即去粗取精，去伪存真。然后，进行细选，把较符合自己的信息选出来。最后，进行精选，决定两个以上的信息作为有用信息。对有用信息也要排序，有主次之分。

3. 反馈信息

将已排序的信息，按照从高到低的顺序反馈给用人单位，表达自己愿意去该单位的诚意。反馈信息可以确定一个，也可以是两个以上（在时间紧迫时这样做，但同时接到两个以上单位接收意见时，对打算不去的单位必须及时反馈意见，并表示歉意）。信息一旦反馈后，应多与用人单位联系，随时听候答复。

四、就业信息的使用

就业信息使用的要求主要包含以下几方面。

1. 发挥优势和学以致用的原则

发挥优势和学以致用的原则，即处理就业信息时，要尽量做到发挥所长，学以致用，这样可以发挥优势，避免人才资源的浪费。

2. 面对现实、理论联系实际原则

在使用就业信息时，要事先对自己有一个全面的认识和正确的自我评价，无论个人的愿望如何美好，在实际操作时一定要面对现实。

3. 在政策范围内择业的原则

使用就业信息时，要把个人意愿和国家需要结合起来，并根据社会需要和自己的能力、愿望做出职业选择。

4. 辩证分析原则

辩证分析原则，即用辩证唯物主义方法论来分析信息，用历史的、发展的、变化的眼光研究、处理就业信息的实际利用价值。

5. 综合比较原则

综合比较原则，即把所有的信息放在一起从各方面比较各自的利弊和优劣，寻找符合自己条件的企业。

6. 善于开拓原则

善于开拓原则，即对那些有潜在价值的信息进行深入思考，加以引证，充分利用。正如人们常说的那样，信息的价值会用则有，不会用则无。

7. 早做抉择原则

信息有很强的时效性，及时用之是财富，过期不用等于无。因为较好的职业总会吸引许多求职择业者，而录用指标是有限的。如果迟延抉择，不及时反馈信息，往往会痛失良机。

求职小贴士：致毕业生，常见求职陷阱及其预防

常见求职陷阱

1. 假招聘，真培训

其实这一伎俩已经屡被媒体曝光，不是什么新鲜的骗局了，比如2018年5月央视就报道过某高校毕业生“入职六个月，没有获得工资，反而欠下几万元培训费”的新闻。

2. 假入职，真收费

员工办理入职手续时或入职后，公司就立即通知收取各种费用，例如交通费、体检费、建档费、服装费、风险押金等。如果员工拒绝支付，公司就会以不予聘用或者从工资中扣除威胁。如公司有此类违法行为，应聘者应理直气壮地予以拒绝。

3. 假雇佣，真传销

传销陷阱这一骗局已经被广泛报道，但是传销组织总会更新各种骗局形式来诱骗懵懂的新求职者。

4. 假工作，真犯罪

一些求职者被丰厚薪酬诱惑，入职某些看似合法注册的公司，实际进行诈骗或者其他犯罪行为的犯罪团伙。

5. 假岗位，真违法

有的员工通过面试后勤勤恳恳工作，却在试用期即将结束时被公司一纸通知解除了劳动合同，属于明显违反《就业促进法》或《劳动合同法》，劳动者应该勇于拿起法律武器保护自己。

6. 假渠道，黑中介

对街头路边的小广告、非正规网站的招聘启事、忽悠人的黑中介都应

该避而远之。

三招预防求职陷阱

1. 端正心态，调整预期，幸福依靠奋斗

要对自己的能力、教育背景、工作经验、个性以及优缺点有明确而清晰的认知。对自己的求职方向、能够匹配的工作岗位要有合理评估，脚踏实地，相信勤恳奋斗而不是投机取巧才是制胜所有骗局的最大绝招。

2. 学习法律，各方查询，多问多查多想

作为求职者，一定要多多了解劳动者的保护武器——《劳动法》。我国法律非常注重保护劳动者的合法权益。求职者如果能多学习一点《劳动法》及《劳动合同法》，就可以在很多场合保护自己的权益，避免落入求职陷阱。

3. 书面合同，及时止损，谨慎留存证据

入职后，就要面临签订合同以及各类协议。根据我国《劳动合同法》规定，用人单位必须与劳动者订立书面劳动合同。如果企业拒不与劳动者订立书面劳动合同，劳动者可以明确指出用人单位违反法律规定并要求用人单位更正违法行为，也可以向劳动行政部门举报。

如果入职后发现招聘单位有扣留身份证、限制人身自由的行为的，或者发现企业有从事违法行为，进行非法传销、网络诈骗或者其他犯罪行为的，应该立即离开，劳动者应及时止损，并运用法律武器保护自己。无论在求职过程中，还是入职后，求职者都应注意保留与企业沟通以及企业违法行为的相关证据，以便将来合法维权。

探索思考

“九层之台，起于累土。千里之行，始于足下。”你如何认识这句话？作为新时代的大学生如何根据时代发展做好充分的就业信息准备？

第三节　求职材料准备

情景导入

卧薪尝胆

春秋时期，吴越两国相邻，经常打仗。公元前497年，两国在夫椒交战，吴国大获全胜，越王勾践投降后，便和妻子一起前往吴国，他们夫妻俩住在夫差父亲墓旁的石屋里，做看守坟墓和养马的事情。夫差每次出游，勾践总是拿着马鞭，恭恭敬敬地跟在后面。后来吴王夫差有病，勾践为了表明他对夫差的衷心，竟亲自去尝大便的味道，以便来判断夫差病愈的日期。夫差病好的日期恰好与勾践预测的相合，夫差认为勾践对他敬爱忠诚，于是就把勾践夫妇放回越国。越王勾践回国以后，立志要报仇雪恨。为了不忘国耻，他睡觉就卧在柴薪之上，坐卧的地方挂着苦胆，每天醒来都要尝一口，以此来表示不忘国耻，不忘艰苦。经过十年的积聚，越国终于由弱变成强国，最后打败了吴国，吴王羞愧自杀。

【价值启迪】“有志者事竟成，破釜沉舟，百二秦关终属楚；苦心人天不负，卧薪尝胆，三千越甲可吞吴”。新时代的大学生，做事情一定要有恒心，有毅力。想成功，就要做一个有志者，一个苦心人，只有经过量的积累才能引起最终的质变。在求职择业的路上亦是如此，只有做好、做足充分的就业准备，未来才会可期。

除了做好就业知识和就业信息的准备，大学毕业生还应该认真做好就业相关材料的准备。毕业生的就业材料包括很多，如个人基本信息材料、学历学位证书、各种荣誉奖励证书、各种证明材料、就业推荐表、求职信、个人简历等，凡是能够从多方面、多角度准确全面地反映毕业生专业水平、组织能力、实践能力和综合素质等基本情况的材料都应包含在内。这些材料的形式既可以是书面的，也可以是网络电子版的。

一、基本材料

大学毕业生在求职择业时，许多用人单位在初次审核时往往会要求毕业生提供

基本的信息材料，以便其核查是否符合应聘的基本条件。当然，不同的用人单位根据其性质和招聘条件的不同，所需要的基本信息材料也会各不相同。一般来说，大学毕业生在就业时，需要准备的基本材料主要包括个人身份证、学历学位证书、大学成绩单、学籍证明、在校生证明、荣誉奖励证书、实习实践证明、研究成果证明、学校毕业生就业推荐表等。

通常情况下，毕业生在参加招聘会或进行面试前的资格审核时，用人单位会要求毕业生出具以上各项材料的原件，但是，为了安全及能够随时为用人单位留下充足的考察材料，毕业生应同时准备相关材料的复印件一份，以备不时之需。

二、求职信

课堂讨论

美国著名推销员乔·吉拉德认为“推销要点不是推销产品，而为推销自己”，作为新时代的大学生，在求职择业过程中如何更好的推销自己呢？

求职信又称自荐信，是求职者向用人单位或者有关领导推荐和介绍自己的正式书面材料。它是一种介绍性、自我推荐的信件。尽管一封求职信并不一定能保证你得到理想的工作，但它能够使你引起对方重视而获得面试机会。一封好的求职信可以向阅读者展示你的才干。因此求职信又被称为开启用人单位面试之门的“金钥匙”，是大学生实现顺利就业的“敲门砖”。

（一）求职信的格式

求职信主要是毕业生向用人单位进行自荐的材料。既然如此，求职信重点应该在于“荐”。在构思上一定要围绕“为什么荐”“凭什么荐”“怎么样荐”的思路安排，其格式一般分为标题、称呼、正文、结尾、落款及附件六大部分。

1. 标题

标题是求职信的标志和称谓，要求醒目、简洁、优雅。要用较大的字体在用纸中间正上方写明“求职信”三个字，显得大方、美观。

2. 称呼

求职信一般是写给用人单位人事部门的人看，所以对其称呼往往比一般书信的称呼正规一些，因此，需要在称呼问题上多下功夫。一般来说，称呼的书写原则为“不可阿谀逢迎，一脸谄媚；不可直呼其名，不懂礼数；不可混淆性别，自以为是；不可粗心大意，写错姓名；更忌张冠李戴。”当然，根据情况，在实际书写时也应区别对待：如果写给国家机关、事业单位的人事处领导用“尊敬的××处长（科长等)”称呼；如果求职“三资”企业，则用“尊敬的××董事长（总经理)”；如果是写给其他类企业领导的，则可以称呼为“尊敬的××厂长（或经理)”；如果写给大学校长或人事处的求职信，则称呼为“尊敬的××教授（或校长、老师等)”。不要使用“××老前辈”、“××师傅”等不正规的称呼。当然，有些求职信也可以不写名姓，如“尊敬的负责同志”“尊敬的董事长先生”等。

3. 正文

正文是求职信的中心部分，正文的书写在形式上没有明确固定的要求，风格可以多样。一份能够真正打动用人单位的求职信，需要求职者在措辞和行文风格上反反复复地揣度和修改，最好能够体现自身的个性特点。

求职信的内容一般包括以下三个方面。

(1) 简单自我介绍，旨在说明本人基本情况和求职信息的来源。

本部分不必过长，只需用一两句来说明自己的学校、学历、专业及获取信息渠道即可，简明扼要，一目了然。例如：

×××公司人力资源部×科长：

您好。

本人是××学校2020届××专业毕业生，我通过学校就业网站公布的招聘信息获悉，贵公司正在招聘××人员，故前来应聘该职位。

(2) 说明求职原因。

主要是说明对用人单位或用人职位感兴趣的原因，以及有价值的背景情况和满足招聘要求的条件的说明。这一部分是正文的核心部分，中心思想旨在说明“我是该职位最合适的人选”，所以，这部分内容一定要有说服力。当然，这部分内容与个人简历是相辅相成的，既要说明你的个人能力，但又不能把简历内容全部写进去，只选最能代表自己长处、能力和业绩的项目，要特别注意不要单纯写自己的长处和技能，而是要着重说明这些长处和技能能给该公司带来什么益处。例如：

在校期间，我学到了许多专业知识，如国际贸易、国际贸易实务，国际商务谈判，国际贸易法，外经贸英语等课程。求学期间，我还在××外贸公司业余兼职，从事市场助理工作。本人具备一定的管理和策划能力，熟悉各种办公软件的操作，英语熟练，略懂日语。我深信可以胜任贵公司经理助理之职。

(3) 介绍自己的发展潜力。

写求职信时，不但要向招聘者说明你的现在，也要说明你未来的发展，说明你是有培养价值的，是可塑造的，是有发展潜力的，这部分内容的撰写应注意扬长避短。例如，介绍自己曾担任过何种社会工作及取得的成绩，即表示自己有管理方面的能力，有发展、培养的前途。再如，在谋求会计工作时，介绍自己能使用和操作

算盘和计算机，就表示将来可以承担办公自动化的重任。又如，向宣传或公关部门推荐自己有文艺、绘画、摄影或书法等特长，即暗示自己能承担各种宣传任务。在这方面，如果将计算机操作和珠算操作比赛得奖证书，或者将绘画、摄影、书法等得奖作品（复印件）作为求职信附件呈送对方，那效果之佳不言而喻。

4. 结尾

一般的结尾包括两方面的内容：盼回复和祝福词。在盼回复方面，要写出你对招聘单位的希望，委婉地提出面试的要求，因此在这一段里最好向招聘者说明“何时”“何地”“怎样”与你联系，当然联系办法越简单越好。在祝福词方面，出于礼貌，在结尾处可写上祝愿的话，如“即颂”“敬颂”等，也可用“此致（缩进两格），敬礼（顶格写）”，注意这些祝颂语之后都不加标点符号。例如：

如您能在百忙之中抽时间回复我，给我机会，我将不胜荣幸，若需要联系请打电话××，再次感谢您阅读我的自荐材料。

此致

敬礼

5. 落款

求职信的落款一般包括署名和日期。署名写在求职信的右下方。可在署名后面写上“敬上”“谨上”等，并尽量亲笔签名。日期写在署名下面偏右的地方，要注意的是日期不能缩写，否则及不礼貌。例如：

如您能在百忙之中抽时间回复我，给我机会，我将不胜荣幸。

此致

敬礼

××

2020 年×月×日

6. 附件

在送出求职信的时候，一般都会或多或少地附上自己的其他求职材料，如个人简历、近期照片、获奖证明和身份证复印件等，无论附件多少，最好都在求职信的左下方一一注明。这样做的好处，一是方便用人单位查询和审核，二是给对方留下一个有条不紊、办事周到的良好印象。

（二）求职信的撰写要求

1. 充满自信

提前构思自我推销的计划，深思熟虑，做好充分准备后再着手编写。无论是报纸上的招聘广告，还是亲朋好友的介绍和推荐，消息不分来源，都应说明自己的立场，以便给收信者留下深刻的印象。

2. 成熟务实

求职信主体部分的语言、语气要成熟而务实，切忌言过其实、夸大其词。在求职这场激烈而残酷的竞争中，最为关键、最为重要的就是求职者的实力。因此，求职信的撰写不必过分谦虚，妄自非薄。像“才疏学浅”“一无所长”等平时常用的谦词尽量不用，当然也不能过分吹嘘，更不能弄虚作假，甚至通过贬低他人来抬高自己。

3. 条理清晰

构思并甄选与对方的沟通之处以后，应选择最为恰当的言辞语调有条理地表达自己。切忌使用夸大或隐讳的字词、拖泥带水的句子，务必做到言简意赅，全面而充分地表达自己。

4. 反复推敲

对于构思好的求职信，应该先打好草稿，列出内容提纲，构建内容框架，把提前构思好的想法、具体的内容和相关的信息列出先后次序，并通过布置排版等手段巧妙地将它们串连起来，然后经过反复修改、推敲，最后形成求职信，才能邮寄。只有经过反复琢磨、精心编排的求职信，才能引起招聘者的注意，达到推销自己的目的。

5. 内容简明扼要

求职信的写作风格应语言简洁明快，句子简短有力。而不必词藻华丽，注重文采，求职信应该短小精悍，手写求职信的篇幅以一页半稿纸最为理想，打印则以一二页 A4 纸较为适宜。

资料链接：优秀求职信展示

尊敬的领导：

您好！

非常感谢您在百忙之中翻阅我的自荐信。

我是××学校××专业××届毕业生，作为一名会计学专业的应届毕业生，我热爱会计学并为其投入了巨大的热情和精力，在几年的学习生活中，系统学习了基础会计、财务会计、财务管理、成本会计、税收、统计学、经济法、会计电算化等专业知识。同时，我以优异的成绩完成了各学科的功课，曾获得过“3 好学生”“优秀学生”“优秀团员”“全勤奖”等。

在校期间，我积极向上、奋发进取，不断从各个方面完善自己，取得长足的发展，全面提高了自己的综合素质。在工作中我能做到勤勤恳恳、认真负责、精心组织、力求做到最好。

在假期实践的工作中，使我学会了思考，学会了做人，学会了如何与人共事，锻炼了组织能力和沟通，协调能力，培养了吃苦耐劳，乐于奉献，

关心集体，务实求进的思想。

在课余时间里，我喜欢阅读各类书籍，从书中汲取信息来充实自己，更新观念，开拓脑怀。同时，还积极参加文体活动。

怀着自信的我向您推荐自己，如果有幸成为贵公司的一员，我一定会更努力工作，虚心尽责，为贵公司做出贡献。我相信贵公司能给我提供一个才华尽展的空间，也请您相信我能为贵公司带来新的活力，新的业绩。

随信附上个人求职简历，感谢您在百忙之中给予我的关注，愿贵公司事业蒸蒸日上。

此致

敬礼！

求职人：×××

2020年×月×日

三、个人简历

课堂讨论

“天下大事，必作于细”，传承工匠精神需要精益求精，作为新时代的大学生，在制作个人简历时应该如何打造求职择业“精品”呢？

个人简历是求职的重要材料之一。要成功就业，首先应该认真、正确、完整地撰写个人简历。个人简历的内容主要是介绍自己的基本情况，如学习、生活、工作经历、个人成就和特长等，其最主要目的就是让用人单位在最短的时间内获取求职者最多的信息，并且是最“有力”的信息。个人简历很少单独寄出，它总是作为求职信和学校就业推荐表的附件，呈送用人单位。个人简历是推销自己的广告，应抱着积极的态度，精心设计出一份真正符合自己水平与风格的简历，勇敢地把自己的才能、特长显示出来，引起别人进一步了解的欲望，争取得到面试的机会。

求职小贴士：你会写简历吗？

表格型简历模板

个 人 简 历

<table>
<tr><td>姓名</td><td colspan="2"></td><td>性别</td><td></td><td>年龄</td><td></td><td rowspan="4">照
片</td></tr>
<tr><td>地址</td><td colspan="6"></td></tr>
<tr><td>邮政编码</td><td></td><td>电子邮件</td><td colspan="4"></td></tr>
<tr><td>电话</td><td></td><td>传真</td><td colspan="4"></td></tr>
<tr><td rowspan="2">教育背景</td><td>时间</td><td colspan="6">学校</td></tr>
<tr><td></td><td colspan="6"></td></tr>
<tr><td>荣誉奖励</td><td colspan="7"></td></tr>
<tr><td>兴趣爱好</td><td colspan="7"></td></tr>
<tr><td>语言</td><td colspan="7"></td></tr>
<tr><td rowspan="2">工作经历</td><td>时 间</td><td colspan="5">工 作 单 位</td><td>职务</td></tr>
<tr><td></td><td colspan="5"></td><td></td></tr>
<tr><td>求职意愿</td><td colspan="7"></td></tr>
<tr><td>业余活动</td><td colspan="7"></td></tr>
<tr><td>技能</td><td colspan="7"></td></tr>
<tr><td>社交活动</td><td colspan="7"></td></tr>
<tr><td>证书和许可证</td><td colspan="7"></td></tr>
<tr><td>政治面貌</td><td colspan="7"></td></tr>
</table>

文本型简历模板

个人简历

<table>
<tr><td colspan="3">■ 个人资料</td></tr>
<tr><td>姓　名：</td><td>性　别：</td><td rowspan="5"></td></tr>
<tr><td>出生日期：</td><td>学　历：</td></tr>
<tr><td>毕业院校：</td><td>专　业：</td></tr>
<tr><td>工作经验：</td><td>现任职位：</td></tr>
<tr><td>申请职位：</td><td>薪资要求：</td></tr>
<tr><td colspan="3">联系方式：</td></tr>
</table>

■ 自我评价

■ 工作经验
1. 2. ……

■ 职业技能
1. 2. ……

■ 作品列表
1. 2. ……

（一）简历制作前的准备

大学毕业生制作简历前一定要了解自己，分析自己的优势及弱点，确定自己的职业方向。然后选择目标企业及职位，了解目标企业及职位需求情况，了解市场行情。切不可不考虑自身特点，不考察企业情况，盲目模仿他人的简历和择业目标。记住你的目的是以清晰的语言向用人单位介绍出你对应聘单位的工作要求有充分的了解，以及你对个人才能有充分的自信，并且你能胜任所申请的工作。所以在简历撰写之前你必须做好充分准备。

1. 全面剖析自我

如果你在做职业生涯规划的时候已经对自己进行了彻底的分析，那么，在此处你就能很轻松地知道自己的优势、劣势，自己对未来的打算等，对简历的制作就会有很大的帮助。如果你还没有进行自我分析，那么就认认真真地对自己进行一次分析吧。

什么是你在乎、想要的？这是在求职之前要考虑好的事情。你在刚就业的几年内最在乎什么？是增加工作经验？是赚足够多的钱？还是提高自己的能力？

什么是你最不能忍受的？了解这一点能够帮助自己更明确的进行职业定位。你最不喜欢的工作方式是什么？是受限制太大？还是加班？

你的优点和缺点分别是什么？对你的职业发展有什么影响？

什么经历是你最得意的？这对你今后的发展有什么作用？

什么经历是你最失败的？你是如何处理及改进的？

2. 正确分析用人单位

你对所应聘职位和企业的了解，很大程度上决定了你的“中彩”概率。但是很多求职者往往忽视了了解应聘企业的情况。也许他们觉得要在一个具体部门工作而不是在整个企业工作，因此，他们需要集中精力于具体工作，没有必要了解更多关于公司的整体情况。成功的推销员推销产品的时候，从来不会只说产品本身的优点，而是说明产品是如何适合购买者。在人才市场上推销自己，你同样需要了解需求，这是非常重要的一点。了解未来雇主的兴趣与问题，会使你在撰写简历时充分考虑未来雇主的兴趣与问题，真正做到在求职简历中与之交谈。

该职业需要做哪些具体工作？

该职业必须具备什么样的条件和能力？

这家企业有什么样的企业文化特点？

他们的产品是什么？市场形象和定位又是什么？

提前了解应聘企业与应聘职位的信息，能够帮助自己更好地撰写简历，并且能够让自己的简历更吸引招聘企业的眼球，从而获得面试机会。

3. 照好求职证件照

课堂讨论

“你没有第二个机会留下美好的第一印象”，在求职择业过程中，应该如何留下美好的第一印象？

招聘方通过求职照获得对求职者的第一印象。求职证件照不是选秀比赛，但每个人都可以照出最具职业感的照片。求职证件照可以从以下几个方面来准备。

（1）正面或者前侧面、免冠、半身照

人像在相片矩形框内水平居中，头部占照片尺寸的2/3；头顶发际不要贴着上边框，甚至把头发截掉部分；照片下边边框一段取在胸部以上至肩部以下的位置。

（2）发型

发型的基本原则是不要挡住五官，头发干净整洁，耳朵尽量露出来。

女士发型。长发最好盘起来，披散和扎马尾都不是理想的发型，刘海儿不宜过长，不要挡住眼睛。不要在脸周围留较多的头发，可以适当用腮红、眼影等来修饰脸形。

男士发型。对男士头发的要求是前不过眉毛，侧不过耳，后不及领。

（3）妆容

女士妆容。为了使自己看起来比较精神，可以画个淡妆，但不要化烟熏妆或者浓妆，不要选用过分鲜艳的颜色，假睫毛、双眼皮贴等都会起到过分修饰的作用，而且技术不佳容易适得其反。

男士妆容。保持干净的脸庞，如果有痘印，可做适当修饰。

（4）眼镜和饰品

平时戴眼镜的同学，照求职证件照的时候最好也要佩戴，若要避免造成反光，也可以佩戴眼镜框。如果平时戴隐形眼镜，不要使用彩色的，更不要出现两只眼睛不同颜色的情况。

女生如果有耳饰的话只能戴耳钉，并且两只耳朵戴相同的耳钉。饰品不能太过夸张，颜色不能过于鲜艳或者太过耀眼。

（5）正装

女士正装。女士穿正装套装或者单穿比较正式的衬衣。

男士正装。对于男士来说，衬衣、西装、领带的组合最显正式。

（6）表情

表情应尽量自然，面带微笑。微笑不仅要表现在你的嘴角上扬，微微露齿，还表现在眼睛里，配合上扬的嘴角，眼神也要保持愉悦的感觉。

（7）背景色

求职证件照的背景一般选择蓝色、红色或白色。

在求职照的选取上，大学毕业生一定要注意：很久以前的照片、学生证上的照片、大头贴、手机拍摄的自拍照、旅游风景照、艺术照等都不能作为求职照，否则会给人留下不好的印象。

4. 选择合适的简历模板

(1) 形式与内容要完整。内容上的完整就是重要的信息要全部包含在简历里面。形式上完整就是不能出现错别字、打印错误等失误。

(2) 个人状况要简洁明了。个人基本信息写明自己的联系方式，力求简洁。

(3) 教育背景要与求职岗位对应。

(4) 工作经验要详略得当。只需写与应聘的职位有关的就可以了，没有必要把自己所有做过的事都写在简历上。

(5) 其他专长要真材实料。简历要实事求是，一定要符合实际情况。撰写与制作简历的出发点是尽可能地引起用人单位的注意。如果求职者的简历没有引起招聘单位的注意，那么这次应聘就是失败的。实际上招聘单位希望求职者的简历或求职信能提供足够的信息使他们能给予其面试机会，对其作更进一步的了解。如果求职者了解到这一点，并能提供出用人单位最关注的相关信息，那么就能引起招聘者的充分注意。

（二）个人简历的内容

一份好的简历要做到形式与内容的统一，既要制作精美，又要内容充实，关键是看求职简历内容是否有内涵，是否能吸引招聘者的注意，让人觉得你正是其需要的人才。一般来讲，个人简历的内容应该包括标题、个人基本情况、教育背景、学习经历、个人实践、工作经验、个人特长及性格评价、求职意向、联系方式与备注等基本要素。

1. 标题

一般为“简历”“个人简历”或“求职简历”。

2. 个人基本情况

个人基本情况集中反映了个人的资料。通常包括姓名、年龄（出生年月）、性别、籍贯、民族、最高学历、政治面貌、毕业学校、专业、身体情况、兴趣、特长、联系方式，等等。一般来说，本人基本情况的介绍越详细越好，但也不要像写作文似的写上一大堆，而要有条理地逐条罗列，一个内容用一两个关键词简明扼要地概括说明即可。

3. 求职意向

求职意向就是求职者所愿意从事的职业，表明了毕业生想要从事的工作。最直接的表述求职意向的方式就是写出职务的名称。这部分内容要简短清晰，尽量使自

己的求职愿望与应聘的职位相符合，写出自己的真实想法。在这里需要说明的是，每份简历都要根据你所申请的职位来设计，突出在这方面的特长，不能把自己说成是个全才，任何职位都适合。并且建议大家不要只准备一份简历，认为一家单位有两个职位都适合你。

4. 教育背景

主要是个人从高中阶段至就业前所获最高学历阶段之间的经历，从哪年哪月到哪年哪月在哪所大学什么专业就读，应该前后年月相接，将最近的学习经历写在最上面，接下来以此相推，教育背景一般情况下从高中阶段写起即可。

5. 学习经历

主要列出大学阶段的主修、辅修与选修课科目及成绩，尤其是要体现与你所谋求的职位有关的教育科目、专业知识。不必面面俱到，要突出重点，有针对性，使你的学历、知识结构让用人单位感到与其招聘条件相吻合。

6. 实践经历

除个人能力外，工作经历成为越来越多招聘单位的瞩目焦点。由于大部分在校学生缺乏社会工作经历，因此，在学校所承担的社会工作、职务、组织或参加活动的情况、假期社会实践活动、实习或兼职工作的经历就代替了工作经历，成为反映求职者的爱好、组织能力、领导能力以及团队协作精神的重要内容。实践经历的表述应该突出重点，切忌冗长繁琐，强调在此过程中收获的经验、取得的资质及获得的成绩。实践经历的表述应该尽量使用生动活泼的语言，以体现求职者积极向上、充满活力的精神面貌。

7. 获奖及成绩情况

这方面内容可以显示专业或其他特长的优势，主要包括三好学生、优秀团员、优秀学生干部及奖学金获得等情况以及参加数学建模、机器人比赛，电子设计、航模比赛、校内外文体活动获奖情况，等等。

8. 职业技能

这部分内容主要包括外语水平和计算机操作能力、相关专业的考工考级证书等。在当今科技高速持续发展，商业竞争日益激烈，商业经济环境十分复杂的情况下，外语听说水平和计算机的操作能力越来越被用人单位所重视。外语作为一种交流工具、计算机作为一种操作技能已逐渐成为应聘人才必备的素质。因此，相应的资质、等级证书以及与应聘职位相关的职业技能资质和等级证书都应包含在个人简历之中。

9. 个人特长及性格评价

这种介绍要恰如其分，尽可能使你的专长、兴趣、性格与你所谋求的职业特点、要求相吻合，必要时可以注明自己“勤奋肯干”“吃苦耐劳”“有责任心”等，让用人单位感到你的诚恳。事实上，“本人的学习经历”“本人的实践、工作经历”同样印证个人的能力、性格，因此，前后一定要相互照应。

10. 联系方式与备注

同上面所要突出的内容一样，一定要清楚地表明联系方式，包括区号、电话号码、e-mail 地址等。有的毕业生喜欢频繁地变换手机、e-mail，在用人单位需要和你联系的关键时候，往往无法迅速找到，用人单位感到遗憾的同时，恐怕最遗憾的应该是你自己。

11. 照片

关于简历上是否贴照片，应根据所面临的特殊情况，如应聘工作需要以及自身的条件做恰当的取舍。简历中的照片一般应该用免冠半身正面一寸照，照片的要求可参照前面简历准备中的要求。

（三）简历的制作要求

1. 简明扼要

招聘人员每天要面对大量的求职履历表，一般在粗略地进行第一次阅读和筛选时，每份履历表所用时间不超过一分钟，如果写得很长，阅读者缺乏耐心，难免漏看部分内容，这对求职者是很不利的。一份简历不可能描述你的全部，用人单位也不可能通过简历掌握你的整体情况，而是大致了解你，从而挑选出参加面试的人员。因此，简历应尽量短小精干，在文字上要“简”，但在内容上一定要“精”，语言要简洁明快，力避冗长啰唆。要使招聘人员在短时间内看完，并留下深刻印象。要求尽量在一页纸内完成。

2. 重点突出

求职者应目标明确，清楚表达自己喜欢什么工作。简历内容要突出重点，突出自己的优势和特长，那些与求职目标有关的情况要详细介绍，在列举个人经历、获奖情况和证书时，一定要把与应聘职位相关的情况放在醒目的位置，其他无关紧要的情况可以简单略过，所写重点一定要与用人单位的需要相符。

3. 条理清楚

简历并不过分强调有“文采”，但一定要表述清楚、逻辑严密、层次清晰，便于阅读和理解，避免把所有信息杂糅在一起，让人理不出头绪。要使招聘者能够一目了然，而且最好使他看到文字介绍能产生联想。

4. 版面美观

简历的关键在于能否给人留下深刻的印象。一份好的简历，除了内容方面的要求之外，版面设计也是一个非常重要的因素。因此，必须对简历进行必要的加工，精心编排、设计和打印，力求整洁、美观，让招聘者能感知你的个人形象和魅力，使你在众多简历中脱颖而出。

5. 真实可信

简历最首要、最基本的要求是客观真实。简历从头到尾要贯穿一个原则，就是实事求是地描绘自己、展示自己，给人一种可信度。当然，对自己的优势说够、说透，对缺点讲得隐约含蓄点，适度掩饰也是允许的。

(1) 个人简历不能弄虚作假、编造事实、抬高身价。要知道争取面试的机会并非最终目的，最终目的是要获得工作。如果一时造假而被对方识破，既会丢掉工作机会，又会失去人格。即使当时蒙混过关取得了工作，但当用人单位查阅了档案后就会有被退回学校的可能。

(2) 在写个人简历的时候应特别注意：

① 不能遗漏某一段经历造成履历不连贯；

② 不能在工作业绩上弄虚作假；

③ 简历不要过分渲染，或天花乱坠地描述，这样会使别人对你产生反感情绪。

因此，与其费尽心机不如老老实实，只要有真才实学总会有属于自己的机会。

6. 自己动手

有个别毕业生缺乏自信，认为请从事就业指导工作的专业人员替自己写的简历才是好的简历。其实，专业人员写的简历共性多而个性不足，而简历能打动人的地方恰恰在于个性。若简历不是你亲笔所写，有些内容或措辞不熟悉，招聘者问你简历中有关的问题时就会造成失误导致面试失败。

(1) 个人简历写好后，可以请有经验的老师、同学加以修改帮助提出意见。

(2) 个人简历应做到篇幅合理、布局得体、结构清楚、逻辑性强、行文流畅。简历中的表述既不可十分自负，又不可过分谦虚，求职的目的也应清楚地写出来。简历最好打印，可以复印使用。

(3) 应当为你的简历精心选择一张免冠或全身照片，要清晰、柔和、亲切、不失真。总之，由于每个人生活、工作经历的不同，个人简历的内容也会有很大的变化，各有取舍，目的就是要更多地表露自己的优势，少暴露自己的缺点，更大程度地吸引用人单位决策者的注意，获得一份满意的工作。

(四) 简历投放的注意事项

了解简历内容之后，花费心思设计一份简历，这些还都只是前期的准备工作，简历投放才是重中之重。适当的投放，能够使简历充分地发挥作用，更有效率地获取面试和就业的机会。对应聘者而言，没有最好的工作，只有最适合的工作。所谓最适合的工作其实就是个人的素质、能力与市场需求的最佳匹配点。

对于具体的投放策略，从主观来讲，要清醒地认识自己，客观地评价自己，全面地分析自己的优势与劣势，在自己的兴趣、爱好与特长的基础上选择职业，“兴趣是最好的老师”这句话充分地说明了择业过程中结合个人特点、发挥主观能动性的重要作用。从客观角度分析，职业的市场需求状况与行业发展前景与趋势都是应该予以考虑的重要方面。

随着高等教育“大众化”时代的到来，“精英教育”时代的结束，大学生从“稀缺”走向“普遍”，高校毕业生必然从“精英化就业”走向“大众化就业”。随我国社会经济的发展以及社会职业流动群体的变化，对从业者的要求越来越高，大批接受过高等教育的人成为社会经济建设中的普通劳动者。特别是我国加入 WTO 后，随着“中国制造”的发展，我们必须打造出一批具有高技能、高知识水平的“蓝领”，而在这方面，高职学生是大有作为的。

资料链接：8 个关键词告诉你，优秀的简历好在哪！

1. 量化

尽可能“量化”你做过的事，使用数字，让简历更具有说服力。

2. 简化

不要面面俱到，要抓重点，“少即是多”，应对简历最好的办法应该是敢于取舍，删繁就简。

3. 呈现影响和结果

在简历中表达出某个活动中做出的杰出贡献和影响，避免平铺直叙的“白开水”陈述，才能说服 HR 选择你而不是其他人。

4. 针对性

尽量别把同一份简历“投喂”给所有公司，一份“万金油”简历看起来省心省力，却只会让你泯然众人矣。

5. 真实

在制作简历时，不要觉得自己可以通过造假和过度粉饰获得 HR 的关注。

6. 严谨

简历的性质决定了它只能是一份很正规很严谨的文件，任何卖萌搞怪都可能直接断送你的求职前途。

7. 有记忆点

由于庞大的工作量，HR 给你的简历的时间，只有短短的 1–2 分钟，没法让 HR 记住你的简历，就是一份失败的简历。

8. 逻辑性

简历不是日记，不能想到什么说什么，要有一定逻辑链条。

在讲述经历时使用 STAR 的逻辑方式，不仅可以提高简历的清晰性、条理性、逻辑性，还能加强描述经历的可信程度。

探索思考

“凡事预则立，不预则废”，作为新时代的大学生应如何制作一份优秀的个人简历，从而应战职场顺利就业？

第四节　技能提升训练营

一、活动名称

“简自我风采·历职场未来”——个人简历大赛

二、活动目的

大学毕业生开始就业时，最初的竞争就是简历。一份好的简历对求职者来说是极其重要的，它能够让求职者在众多求职者中脱颖而出，给用人单位留下深刻的印象。通过简历的制作，发现学生在简历制作过程中存在的各种问题和困惑，从而有针对性地为学生提供简历制作的方法，学生养成做事认真、一丝不苟的工匠态度，进而帮助学生顺利就业。

三、活动设计

活动时间：90 分钟

参赛对象：班级全部成员

参赛形式：个人投递，小组选拔

四、奖品设置

一等奖：1 名（奖品+就业指导书籍+证书）

二等奖：2 名（奖品+证书）

三等奖：3 名（证书）

五、活动步骤

（一）初赛

1. 初赛要求

（1）教师说明简历制作的基本要求，提供简历的基本模板。

（2）学生根据要求及模板，自主制作一份求职简历。

2. 初赛评选

(1) 班级学生分小组设置“面试现场”，让学生带着自主设计的求职简历，进行现场求职。

(2) 通过现场面试活动，选出 10 份优秀简历进入复赛。

(二) 复赛

1. 邀请学校就业部门教师担任评委。

2. 10 名学生带着自己的简历再次进行现场面试。

3. 评选出 5 份优秀简历，颁发奖品。

六、教师点拨

(一) 教师综合考核每份简历，并说明每份简历的优点及缺点。

(二) 教师与学生再次共同制作一份简历。

(三) 通过引导学生制作简历，激发学生学习就业指导课的兴趣，帮助解决学生就业的烦恼。

课后寄语

习近平总书记指出“广大青年既是追梦者，也是圆梦人。追梦需要激情和理想，圆梦需要奋斗和奉献。广大青年应该在奋斗中释放青春激情、追逐青春理想，以青春之我、奋斗之我，为民族复兴铺路架桥，为祖国建设添砖加瓦。”大学生择业选择，是人生中第一个分水岭，这一次的选择至关重要，需要同学们充分做好求职准备，确立职业目标，储备专业知识，准备求职材料，关注招聘信息，树立积极就业意识。求职是一场持久战，期间可能会经历很多挫折和委屈，但一定要坚持，不断总结，不断提高。一定要坚定信心，同学们都能找到属于自己的美好未来!

■ 解疑答惑

学生张涛：我认为求职信和个人简历看上去差不多，两者到底有什么不同呢?

职业规划师：求职信与简历是有区别的，有些学生常常用简历代替求职信这是不严谨的。它们二者既相互独立又不能互相替代；既紧密联系，又不能混为一谈。

1. 书写格式不同

(1) 标题不同。自荐信在写作上同于书信的一种，属于书信类，其标题用“自荐信”“求职信”，或干脆省略标题，直接用一般书信形式来行文。简历的标题非常单一，就叫“简历”或“个人简历”。

(2) 称谓不同。求职信开头要有称谓，比如“尊敬的领导”“某单位的负责人”等，给不同的收信人在称谓上有明确的区分。而简历不必用称呼，在标题下，直截

了当地填写个人经历和业绩就可以。

2. 内容侧重点不同

（1）求职信主要是阐述求职的愿望、求职的理由和求职的条件，力求说明自己的成绩是能够胜任某类工作的；自己的技术和特长是适合这类工作的；已取得的成果、奖励证明你有潜力。而简历主要则侧重展示自己的资历，是对自荐信提到的求职条件，做更为详尽的描述。

（2）个人简历也可以说是自荐信的附件，是求职信的补充和佐证材料。一份好的简历往往可以起到画龙点睛、锦上添花的作用。

（3）自荐信和简历是推荐材料中不可缺少的两个重要组成部分。求职信在前，简历附在其后，可以起到立体展示自己的效果。如果只有自荐信而无简历就会使用人单位产生对你了解不够具体的感觉；如果只有简历而无求职信，用人单位对你更适合什么岗位就觉得不明确。因此求职信和个人简历是相互补充的。

思维导图

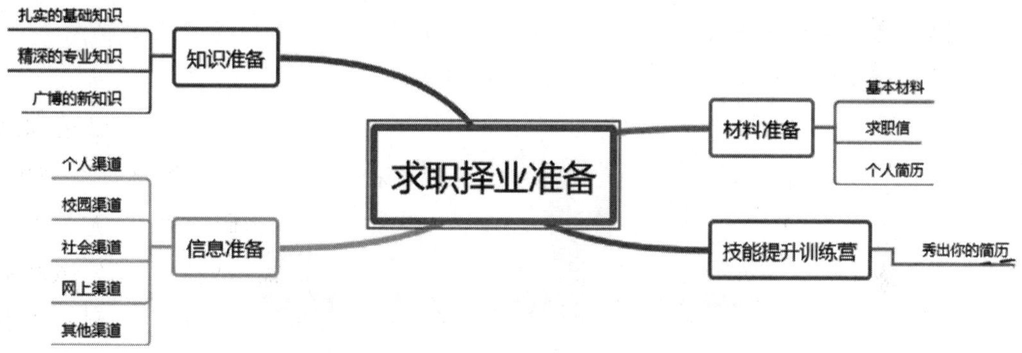

课后测验（扫码测验）

专题四　从容面对　勇往“职”前

——择业心理调适

开篇导读

大学生在临近毕业时，有着强烈的就业意愿，都希望能够在职业领域内大展拳脚，实现自我价值。然而社会竞争日益激烈，面对初入社会的各种困扰和选择，他们往往会出现不同程度的心理矛盾和不适。一部分毕业生在面对各种压力时往往无法排解，出现心理和行为上的异常，给自己的职业发展带来很大影响。作为毕业生，只有端正就业心态，做好充分的心理准备，才能让自己的求职之路成功顺遂。本专题将客观分析大学生常见的心理误区，帮助学生调适不良的就业心理，引导学生树立阳光的就业心态，助力就业成功。

目录

学习目标

素质目标：能够以阳光正面的心态面对求职过程中出现的各种困难与挑战，能够积极主动的调节就业压力，树立积极乐观、不畏挫折的人生态度，为自己营造舒适、健康的心理环境，以向上的心理状态，拥抱美好的职业生涯。

知识目标：

1. 了解择业过程中的心理发展过程、心理特点以及常见的心理误区。
2. 掌握择业过程中心理调适的方法。
3. 做好择业的心理准备，培养良好的择业心态。

能力目标：能够根据所学方法，进行自我心理调适，更好地完成择业过程。

思政元素

- 积极乐观的人生态度
- 勇敢追梦的职业品格
- 不畏挫折的职业精神

第一节　大学生择业常见的心理误区

情景导入

视频 1：街头采访：《大学生求职有啥期待》

视频 2：《陈一说心理》：就业心理解说

（扫描二维码，观看采访视频 1）

（扫描二维码，观看采访视频 2）

知识要点

心理误区是指在心理上特别是认识上陷入困境而不能自拔，且本人对此缺乏意识的状态。面对复杂的择业形势，大学毕业生们的心理是复杂而多变的，不仅受社会、家庭等诸多因素的限制，也受自身生理、心理因素制约，是社会心理、群体心理及个体心理的聚焦反应。

大学生是充满生机的青年群体，其生活环境、活动的主要目标及所处的社会地位有其相对特殊性。面对激烈竞争的社会形势，对未来岗位、人际关系等不确定因素的担忧势必会影响其心理。大学生在择业中常见的心理误区主要有以下几点。

一、自卑心理

在竞争激烈的求职场上，部分大学生因所学专业不景气，或因自己专业知识、专业技能不如他人，而产生强烈的自卑感，进而转化为自卑心理。自卑心理，是一种消极的自我评价或自我意识。有自卑心理的毕业生往往会过高地估计择业的压力，过低地评价自己形象、能力和自身价值。

在择业中自卑心理易导致低就心理。低就心理的表现特点为：在应聘时，往往没有信心和勇气面对用人单位，不能适当地向用人单位展示自己的长处，不敢对自己进行“明码标价”，甚至对于一些单位开出的不平等协议也一味妥协。低就心理很可能给日后的工作带来隐患。

职场小故事：都是自卑惹的祸

小云，24岁，上海某职业学院毕业，英语六级、德语专四水平，毕业后顺利找到一家大型企业人事助理的工作岗位。但在试用期间工作不顺，多次受到领导的指责，于是辞职。此后近两年的时间一直没有找到稳定的工作。

小云开始寻求帮助的时候已经失业近两年了，在这两年中她也成功找到过几份工作，但她总觉得自己无法胜任而没有稳定就业，打零工似的求职过程使她对自己未来的求职方向感到越来越迷茫，待人处事也越来越无措，一到面试就头脑一片空白。在深入交流后发现，有三点直接导致了她较严重的自卑情结：①父母评价不高；②哥哥姐姐比较优秀，经常被比较；③人事助理的工作因试用期间表现糟糕而被迫提前离职。

【价值启迪】自卑产生的原因很多，个人、家庭、社会等因素都会对大学生造成影响，要解决自卑心理，只有找到自卑源头，发现优点，才能有效遏制自卑感，重新找回信心，为下一次求职做好充分的准备。

二、自负心理

当代大学生在就业的市场竞争中应当具有一定的自信，才能克服困难、不怕挫折，争取到适合自己的岗位。但是，一部分大学生对自己认识过高，自认为高人一等，这种不切实际的自我欣赏，容易在求职中导致期望值偏高，好高骛远。择业时不能从实际出发，总认为自己能胜任所有工作；或是看不上那单位，瞧不起这职位，盲目攀比。

自负心理是缺乏客观自我分析和自我评价的表现。大学生都希望能够找到施展才能和抱负的舞台，成功意识、功利意识较强，渴望找到最理想的工作岗位，并希望尽早通过职业满足自己物质和精神上的需求。大部分大学生能把自己的理想自觉服从于国家、民族、人民的需求，但也有不少人在认识方式上只注重自我感受和体验，不考虑社会实际价值取向，在道德观选择上表现出唯我独尊、个人至上，这就是自负心理的典型表现。

三、攀比心理

攀比心理是指大学生在择业过程中不从实际出发、不量力而行、盲目与他人攀比的心理。学生未充分考虑自身的实际情况，如自己的专业范围、职业兴趣与事业追求、实际能力与综合素质等，在择业过程中盲目地做决定。其他人想到沿海地区发展，他也想到沿海地区；其他人跻身金融、IT等热门紧俏行业，他也想去这些行业。这种缺乏全盘考虑，没有切合自己能力与兴趣的职业追求，往往导致择业时会遭受不必要的挫折，甚至延误或丧失就业机会。

四、从众心理

能够学有所成，在服务社会中实现自己的人生理想，是每一位即将走出大学校园学子的美好心愿。但是，一部分大学生自我定位不够准确，对所学专业缺乏深入了解，对专业的社会需求分析不透彻，并且缺乏一定的自我判断力。这部分学生就很容易追随他人的脚步，只要是社会上受追捧的职业，不管它们是否适合自己，是否与自己的专业相关，都竭力去争取。他们认为，大多数人的选择一定是科学地选择，大多数人钟情的工作一定是好工作，大多数人选择的一定没错。持从众心理择业，无异于逼着自己和别人同走独木桥，忽视了自己的特长，丢失了最能发挥自己特长的机会，难免失足受挫。这种从众心理，使部分大学生丧失了很多就业机会。

五、焦虑心理

焦虑心理就是作为毕业生既希望谋求到理想的职业，又担心被用人单位拒之门外，担心自己在择业上的失误会造成终身遗憾，并对未来的职业生活感到心中没底，在就业过程中产生的一种心理问题。表现为存在各种不必要的担心，造成精神紧张、忧心忡忡、烦躁不安、意志消沉，甚至产生彻夜难眠的现象，行为上也表现出反应迟钝、手忙脚乱、无所适从，影响用人单位对其做出正确评价。

焦虑心理是心理冲突或现实中挫折引起的，有一些性格内向，或有生理缺陷，或学习成绩欠佳的大学生出现焦虑心理的几率更大。

在激烈竞争的社会，理想的职业并不是容易得到的，需要自己做出合理定位和不懈努力。用人单位在选择人才时往往需要经过多方面地了解观察，有时需要一个等待过程，这种等待易形成大学生就业的焦虑心理。

求职小贴士：七条小贴士，让你更健康

1. 遵从你的内心。尝试寻找对你有意义并且能让你快乐的事情，不要只是为了轻松而得过且过。

2. 多和朋友们在一起，尝试与同学沟通，尝试理解父母。良好而亲密的人际关系，是你幸福感的有力保障。

3. 学会接受失败。不要让对失败的恐惧，绊住你尝试新事物的脚步。

4. 接受自己。失望、烦乱、悲伤是人性的一部分。接纳这些，并把它们当成自然之事，允许自己偶尔的失落和伤感。

5. 慷慨。当我们帮助别人时，我们也在帮助自己；当我们帮助自己时，也是在间接地帮助别人。

6. 勇敢。勇气并不是不恐惧，而是心怀恐惧，依然向前。

7. 学会表达感激。

六、逃避心理

逃避心理本质上是一种抵触心理，大学生从相对单纯的校园进入社会，发现社会环境竟然如此错综复杂，特别是看到社会的一些阴暗面，自己不想面对，只想回归到纯粹的校园中去，这种情况下就容易产生逃避心理。

求职择业是大学生人生道路上的一次重大选择，这将是成功就业、顺利走向社会的一个关口。因此，求职择业过程中，只有树立良好的就业心态，正确地认识自我、认识社会，做好择业前的心理准备，排除心理干扰，以积极健康的心态主动迎接社会的挑战与竞争，才能顺利就业。

探索思考

现在的你存在哪些求职心理误区？你是否想过应该如何走出误区？

第二节 大学生择业必备的心理素质

知识要点

对于大多数学生来说，大学生活是一种单纯又有保障的生活。在这种安逸的环境里生活，不免会萌生一些美好的理想。但大学生活与现实社会是存在一定差距的。面对这种情况，大学生在求职时应具备必要的心理素质，从思想上完成从学生到社会人的角色转变。面对激烈的求职竞争，求职者应全面、冷静地去了解和认识，主动地去适应社会需求，同时也要接受社会对求职者的选择。

必要的心理素质，能帮助求职者有效地解决找工作中遇到的各种冲突，如理想与现实的冲突、个体与整体的冲突，以及权衡利益取舍时所产生的冲突等，排解心理障碍，避免出现心灰意冷、一蹶不振等负面情绪。不仅仅是求职，很多事情，诸如考试、竞赛，都需要具备一定的心理素质。有的时候，条件相当的人赢就赢在心理素质层面。因此，大学生求职的心理素质准备工作是非常重要的。

一、大学生必备心理素质

（一）有自信心

“宝剑锋从磨砺出，梅花香自苦寒来”。经过几年的大学教育，大学生有理由相信自己是优秀的，缺乏的只是实践经验。如果平时做一些与专业相关的兼职，会让择业过程更加自信。只有相信自己的能力和水平才会有信心做好未来工作。在用人单位眼里，求职者只有坚信自己有实力胜任某项工作，才能表现出坚定的态度和从容不迫的风度。

信心是自己给的，当你为求职做好一切准备时，你的自信便直接体现出来了。自信不足便是自卑，有的大学生在应聘的时候手足无措、语无伦次，或低头，或目光闪烁，这都是缺乏自信的表现。这样的表现是不会赢得用人单位的信任和认可的。

（二）有竞争意识

现在的学生，多是在家长的悉心呵护下成长的。他们依赖性较强，喜欢坐享其成，久而久之，便失去了竞争意识，竞争能力也日渐退化；更有的受一些不良风气影响，认为即使再努力，也会被潜规则埋没，还不如听天由命。

当前我国大学生就业实行双向性的自主择业制度，这充分体现了公平、公正的竞争法则。大学生可根据当前的社会需求，结合自身特点，进行科学适宜的自我包装和设计，继而大胆地加入社会竞争，敢于向社会推销自己，在竞争中实现自己的人生追求。只有努力去竞争，不畏风险与困难，坚定信念与目标，并为之奋斗，实现自我价值，为梦想努力，为未来拼搏，做一个努力奔跑的追梦人。

（扫描二维码，欣赏歌曲）

（三）有顽强意志

自古以来，要成就大事者，必须具有坚强的意志。作为应届毕业生，应该清楚地意识到顽强的意志对于就业的重要性，只有拥有顽强意志的人才能够取得最后的成功。

求职小故事：成功需要顽强的意志

海伦·凯勒，美国盲聋女作家、教育家。幼时患病，两耳失聪，双目失明。七岁时，安妮·沙利文担任她的家庭教师，从此成了她的良师益友，相处达50年。在沙利文帮助之下，进入大学学习，以优异成绩毕业。在大学期间，写了《我生命的故事》，讲述她如何战胜病残，给成千上万的残疾人和正常人带来鼓舞。

这本书被译成50种文字，在世界各国流传。以后又写了许多文字和几部自传性小说，表明黑暗与寂静并不存在。后来凯勒成了卓越的社会改革家，到美国各地，到欧洲、亚洲发表演说，为盲人、聋哑人筹集资金。1964年被授予美国公民最高荣誉——总统自由勋章，次年又被推选为世界十名杰出妇女之一。

【价值启迪】作为毕业生在求职过程中必然会遇到各种困难，在面对求职困境时，要向海伦·凯勒一样，带着顽强的意志走上求职之路，才能帮助求职者披荆斩棘，越过困难到达成功的彼岸。

（四）对挫折有正确认识

现在的大学生大多数在多方保护下成长，从小到大受到的挫折甚少，因此在遭遇困境时会出现手足无措，甚至逃避、消极对待的情况，这些都是不正确的应对方式。作为求职者应该明确认识到高投资不一定有高回报，因此在求职过程中遭遇挫折是很正常的事情，不能够因为一时的挫折而自卑气馁。一个对挫折有正确认识的人才能够对未来的人生旅程更有信心，才能够以更大的勇气去开拓未来的人生篇章。因此，作为求职者的大学生要把挫折和磨难当成历练和前进的动力，越挫越勇，只有经历失败，才能够感受到成功的喜悦。

课堂讨论

良好的心理素质对一个人的成功有何作用？

心理学家曾经对1500名智力超常的学生进行了长达50年的追踪研究。对其中150名最成功者（高成就组）和150名最不成功者（低成就组）进行了详细地分析比较，结果发现两组人员之间在智力水平上相差无几，但在毅力、自信心、情感、社会适应能力等非智力因素方面的差异却非常明显。

高成就组的个体具有较强的进取心、自信心、责任心，有很强的意志力，人际关系良好，社会适应能力强，并且具有很高的创新能力。低成就组的个体则表现出意志薄弱，应对挫折的能力较差，在机遇面前患得患失，面对困难止步不前，为人被动，害怕失败，丧失了成功的机遇与可能。

良好的心理素质是能够顺利就业的重要条件。有无良好的心理素质，对于个体就业和事业成功有着重要的影响。现在的用人单位越来越重视求职者的心理素质，如果应聘人员的心理素质较差，即便具有较强的业务能力也很难被录用。作为高职毕业生，在求职过程中应该树立健康的求职心理，不断努力去提高自己的心理素质。

探索思考

1. 对即将踏入职场的你而言，哪种心理素质是最重要的？
2. 你认为作为求职者还应该具备哪些心理素质？

第三节　择业心理调适的方法和途径

情景导入

专家在线：中国人民大学胡邓博士谈择业心理调适

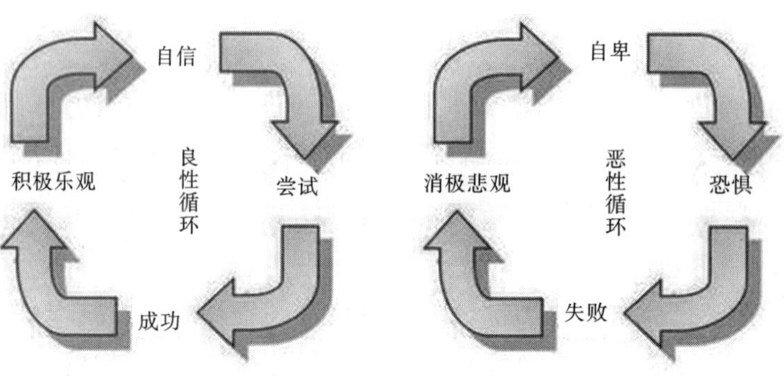

作为职场新人，拥有快速适应新环境的能力非常重要。只有学会融入新的职场环境才能更好地自我提升。那如何才能更快地适应环境，将自己的心理调试到最佳状态呢？

知识要点

一、提高心理调试的自觉性

人的心理活动是处于平衡——不平衡——新的平衡——新的不平衡的螺旋发展过程中，要获得良好的心理体验，就要不断地进行自我调节，改善心境，以最佳的心理状态来实现自己的目标。

在择业过程中，毕业生应该考虑社会为自己提供了哪些职业机会，有多少种选择的可能，同时根据自己的实际情况调整自己的心理和生理状态，尽快地适应职场生活。社会环境不会以个人的意愿为转移，只有认识环境、调整自己才是唯一可靠和积极的途径。在择业过程中，大学生应该充分认识到提高心理调适自觉性的重要性，努力让自己的身心保持良好的状态，合理择业，顺利就业。

二、完善心理防御机制，及时调控情绪

心理学研究发现，积极的情绪体验与积极的行为变化总是有一致的关系。大学

生要掌握自我调节情绪的方法，才能从消极的情绪中解脱出来。及时调控情绪的最有效的方法是运用积极的心理防御机制。

（一）合理倾诉宣泄

当有负面情绪而自身不能化解时，就要寻求“外泄”的方法。所谓外泄，就是寻找外援。心绪低落烦闷时，可以找朋友聊天、谈心，把自己心里的郁结讲出来。运动宣泄也是一种良好的宣泄方法。大学生可以通过参加各种体育活动，消除悲观、失望等消极情绪，激发积极进取的朝气。

（二）培养自信

在就业过程中屡遭失败，是导致大学生求职自信心减弱、自卑感增强的主要原因。自信心减弱容易产生怯懦、逃避、冷漠的消极想法。自信心是前进的动力，是成功的保障，因此在求职过程中时刻注意培养自己的自信心，对于求职成功有重要意义。

（三）自我暗示

通过自言自语，甚至在无人处大声疾呼暗示自己；或通过书面语言暗示，将提示语写在床头，记在日记本上，达到调节情绪的目的。比如，比较胆怯、自卑的大学生可写：“不要紧张！相信自己！你是最棒的！”爱自夸的同学可写：“一切真理和伟大都是淳朴和谦逊的”。经验表明，在松弛平静、排除杂念、专心致志的情况下进行自我暗示，对情绪的好转有显著作用。

（四）正视挫折

对于积极乐观的人来说，挫折也是生命中必不可少的礼物，是激起个人斗志的基石，是鞭策自己前进的动力。成功人士几乎没有一个是不经历挫折就获得成功的。因此，大学生在求职时自然也会遭遇各种各样的挫折，但这仅仅是人生的小小打击。如果一个人连求职过程中的一点小挫折都无法克服，那人生之路如此漫长，又以何种姿态面对未来的大风大浪呢？

在面对挫折时，如果觉得怯懦和抑郁就要想办法进行调整。把挫折当成正常现象，以更加积极的心态去总结和改善自我，反复尝试，最终实现自己的职业理想。

（五）保持乐观

爱因斯坦说过：“真正的快乐是对生活的乐观，对工作的愉快，对事业的兴奋。”不管是为人处世，还是工作学习，都需要有一个乐观的心态，相信事情一定会往好的方面发展。在求职遇到瓶颈时可以适当参加一些娱乐活动，比如沙龙、联谊会等，通过参加这些活动，可以交朋友，陶冶情操，还可以将就业压力转移，一举多得。也可以积极参加一些公益活动，努力帮助他人，别人得到你的帮助会表示感激与信任，而自己将会在帮助他人中得到认可与快乐，内心获得慰藉。大学毕业生的生活才刚刚起步，应该拥有乐观的心态，在困难来临之际，不退缩不彷徨，坚强面对，笑对人生。

（六）合理情绪疗法

合理情绪疗法（简称 RET）亦称“理性情绪疗法”，是 20 世纪 50 年代由美国临床心理学家艾利斯提出的，其核心就是情绪的 ABC 理论。

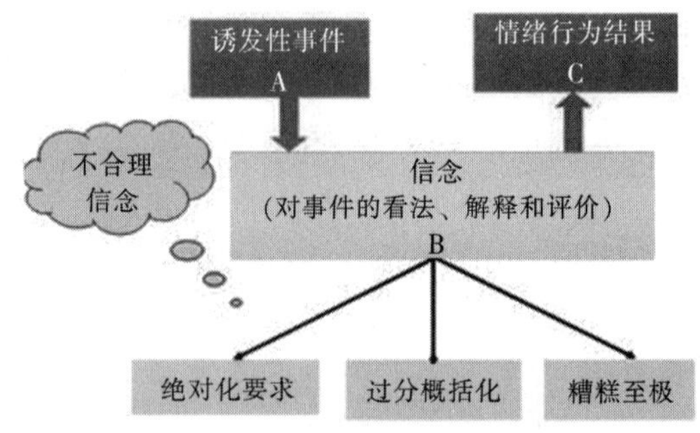

在该理论模式中，A 是指与情感有关的激发事件，即诱发性事件；B 是指该诱发事件发生后，个体对事物所持的看法和信念；C 是指特定情景下，个体的情绪反应和结果。通常人们都认为，人的情绪反应 C 是直接由诱发性事件 A 引起的，即 A 引起了 C。但 ABC 理论认为，人的情绪反应 C 并非是由 A 直接引起的，A 只是引起情绪反应的间接原因，而个体对诱发性事件所持的看法和信念（也就是 B）才是引起其情绪反应的更为直接的原因。

换而言之，即人们对某一事件的看法是由自身所持有的信念所决定的。积极、乐观的信念会使人用适当、积极的情绪去思考、面对并解决；而消极、悲观的信念则会使人用不恰当甚至是悲观的情绪去面对事件。截然不同的信念导致截然不同的两种情绪和心态。因此，如果想要改变人们的不良的情绪，就要通过对其进行引导使其认识到自身信念的不合理性，从而用积极、合理的信念代替消极、不合理信念，产生积极、乐观的情绪及行为，体验到愉悦的新感觉。

课堂讨论

“机会只会降临在有准备的人身上”这句话你是如何理解的？

当一些失败者在哀叹命运不公的时候，有很多人却已经开始努力拼搏了。“机会只会降临在有准备的人身上”。虽然每个人的才智不同，但上天赋予人们的斗志却是相同的，只是有的人倾力付出，有的人却吝于付出。所以，在看到别人取得成就的时候，先别急着羡慕或嫉妒，应该重新回过头来审视一下自己的付出，做好各种应对的准备。

通向成功的路上有诸多坎坷，而战胜坎坷最重要的武器就是充分的信心和坚忍不拔的精神。对于高职毕业生来说，要想在求职的过程中获得成功就要努力提高求职能力、适应能力和岗位工作能力，才能够在自己的职业生涯中收获一片天地，成就一番事业。

资料链接

新职业（教育部全国大学生就业网） https：//www.ncss.cn/

（扫描二维码，查看网页）

三、寻求必要的社会帮助

毕业生在择业过程中应主动寻求社会各方面所给予的热忱关注和积极引导。

（一）主动寻求师长帮助

一个人的视野、思维、控制能力是有限的，对自我的审视也带有主观色彩，一旦出现心理失调的情况，单靠个人的力量不一定能全部解决。这时寻求他人的帮助和指导是十分必要的。主动找师长求教是一条有效的途径。

首先，师长对学生有较强的责任心，如果学生主动求教，他们会尽心尽力地提供帮助。其次，师长对社会生活和社会现状有较多的经验，提出的建议和意见比较切实可行。最后，师长都有一定的工作经历，对各种工作的要求、特点有一定程度的了解，对大学毕业生情况也较熟悉，能帮助毕业生扬长避短，选择更能发挥自己长处的工作。

师长的不同意见和看法为毕业生择业提供了更多的信息，因此，大学生在择业时要多倾听师长的意见，仔细分析、选择，弥补自身工作经验缺乏、社会生活阅历浅的不足，实事求是地选择适合自己的工作并积极努力争取。

（二）从亲情和友情中寻找力量

亲情是人生感情体验的第一环境。对孩子来说，亲情是一份强大的精神力量，有父母的挚爱和庇护，才有面对生活的信心和奋斗的勇气。但很多家长“望子成龙”的希望反而造成孩子严重的压力，而这种压力在孩子择业时尤其明显。为缓解这部分压力，大学生在求职择业前应主动与父母开诚布公地谈一谈，让父母对自己的学识与能力有一个客观的评价，不抱超越自己能力的希望；把了解的择业信息与父母一起分析，在择业标准上力争与父母达成基本一致，得到他们的理解与支持；即使遭受挫折，也要如实相告，求得父母的谅解和帮助。学生应正确对待现实，来自亲情的归属感、安全感和对生活目标的不懈追寻，是应付紧张和压力的最有效的心理储备。

大学生群体的生活经验及对友情的依恋，使他们对友情有强烈的追求，友情给予大学生的尊重、平等和信任是大学生成长过程中不可缺少的心理需要。在择业过程中，大学生面对复杂的社会选择，有许多不适应和不安全感。对于大学毕业生来说，这些体验异常强烈，如果向朋友倾诉，能找到“知音”，在双方的倾吐中得到平衡，交流中得到慰藉。拥有一份真挚的友情能帮助大学生避免内心的孤独感、失落感，这也是友情在择业时发挥的主要作用。

亲情和友情是大学生进行择业时培养积极心态的重要环境，从亲情和友情中寻求力量，把内心的压抑、不满和隐痛宣泄出来，从亲人与朋友处不断获得鼓励、信任和希望，获得不断前进的勇气和力量，是能够帮助大学生顺利择业、积极调试自我心理环境的重要途径。

（三）主动进行心理咨询

大学生的自尊心与好胜心都十分强烈，希望成为生活道路上的强者，择业时往往表现出只盯着社会地位高、工作环境好、待遇优厚的工作单位，不愿下基层，不愿“大材小用”，这使得原本激烈的求职竞争更为激烈，在高节奏、高风险、高压力的条件下，求职者势必产生许许多多的心理问题。一旦出现心理问题又将如何处理呢？

首先，不要惊慌，人的心理与躯体一样，在强大的压力及不良因素的诱发下会产生疾病，如果自身无法调适，应该去找心理医生进行咨询。

其次，心理咨询是一项可以给来访者进行心理指导和帮助，为来访者排忧解难的工作。工作人员运用心理学的原理和方法，可以帮助来访者缓解心理紧张，扫除心理障碍，恢复心理平衡。因此，求职择业时期的大学生如果产生了严重的心理问题无法自我调整，不妨去向专业的心理医生求助。通过专业的咨询，帮助毕业生放松内心压力，缓解焦虑等负面情绪，营造轻松、积极的心理环境。只有在这样的心理环境中，求职者才能勇敢向前，积极面对求职过程中的各种艰难，努力拼搏，最终实现个人价值。

第四节 技能提升训练营

一、活动主题

音乐冥想放松训练。

二、活动目的

1. 通过心理放松营，学会调节紧张情绪，体验到放松的效果；
2. 能够掌握自我放松的要领与技巧。

三、活动设计

活动时间：40 分钟。
活动准备：指导语、舒缓放松型音乐。
活动场地：宽敞的室内。

四、活动步骤

1. 选择一首轻松而舒缓的音乐，配以想象意境的指导语；
2. 选择一个安静的环境，伸展四肢，让自己有舒服的感觉；
3. 在音乐的伴随中、在教师的指导语下进行想象，呼吸保持深慢而均匀；
4. 意念随着指导语的播放而动，同时伴随着想象的意境，在想象的同时，感觉到有股暖流在身体内流动。

五、交流分享

1. 今天练习的方法，你感觉舒服吗？通过今天的放松训练对你的压力缓解是否有帮助？
2. 你在生活中是否尝试过这样的放松方式？经过今天的训练日后是否会自己主动进行放松训练呢？
3. 试着把自己每次做放松训练的感受记录下来，形成自己的放松日记。

课后寄语

选择职业就是选择未来，同学们即将开始职业生活，开始关注自己的人生发展，期待找到一份满意的工作。希望同学们直面求职挫折，把握机会，积极主动，调整心态，从容自信走向社会，迎接每一场挑战，拥抱新生活！

■ 解疑答惑

学生王红：在当前严峻的就业形势下，面对激烈的择业竞争，在求职择业过程中我陷入心理误区，出现了挫折心理、虚荣心理、从众心理等不良的心理状态。如何排除这些心理干扰，培养良好的心理素质？如何才能找到一条适合自己的职业发展道路呢？

老师：求职，是每个同学人生路上的重要关口。同学们只有克服各种不良心态，方能求职成功。

1. 排除从众心理

所谓从众心理，是在社会或群体的压力下，个人放弃自己的意见而采取顺从行为的心理倾向。从众心理重的人容易接受暗示，无主见、依赖性大、不能独立思考，习惯迷信名人和权威。

2. 抑制羞怯心理

大学生接触社会的机会相对较少，校园环境相对单纯。在校内熟人圈子里他们还能应付，一出校门便感到手足无措。当前毕业生在求职过程中多数存在着羞怯心理，这种心理直接影响了用人单位对他们的评价。

3. 摒弃虚荣心理

虚荣心理也是妨碍求职择业的一种不健康的心理状态。虚荣心过强者在择业中往往把注意力集中在社会知名度高、经济上实惠的就业岗位上。

建议同学们在选择职业时首先自问：我需要什么样的工作？我适合做什么样的工作？我能得到什么样的工作？

4. 克服挫折心理

挫折心理是指人在从事有目的的活动时遇到障碍时所表现出来的情绪反应。当一个人产生心理挫折后就可能陷入苦闷、焦虑、失望、悔恨、愤怒等多种复杂的情绪体验之中。因此挫折心理是一种消极的心理状态。

5. 超越自卑心理

许多同学在大学三年中孜孜以求，练就一身过硬本领。可就在面临毕业即将走向用人单位时，却突然怀疑自己的价值和能力，总觉得自己不如别人，好像缺点什么，产生自卑情绪。

思维导图

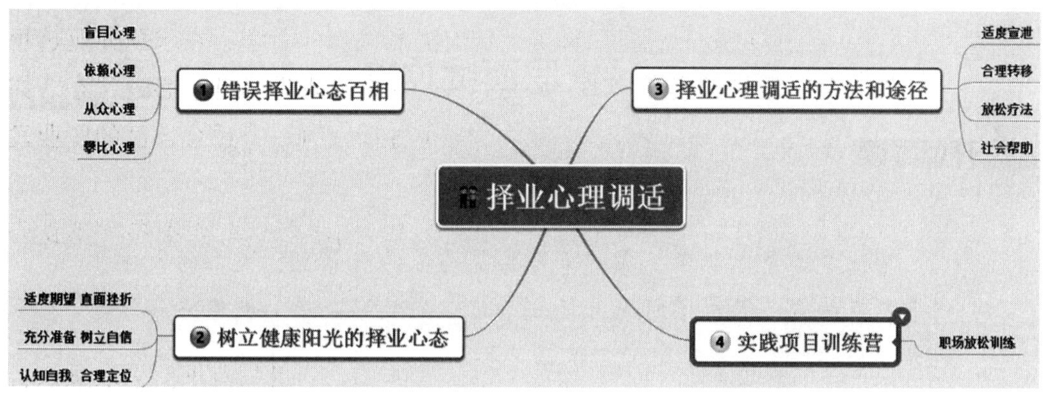

课后测验

请扫描二维码，查看本专题测验。

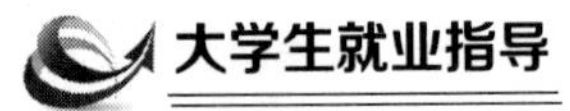

专题五　面面俱到　静等花开

——求职面试攻略

开篇导读

毕业季亦是求职季，在一个个兵荒马乱的青春里，太多的大学生们来不及给自己的求学时光选择一个可以安放的未来。就像青春潦草地离散一样，未来也遥远的不像话……

有人曾用鲁迅先生的四本书来形容大学生活，从大一的《彷徨》到大二的《呐喊》，再到大三的《伤逝》，最后迎来大四的《朝花夕拾》。虽然大家读大学的年限可能有所不同，但每个人的大学经历其实是相同的。那么，在你的大学快要结束的时候应该怎样更好地捧出“自己”这束花呢？本专题将带你去触碰遥不可及的未来，了解必要的求职策略，掌握面试的技巧，顺利开启职业人生。

目录

学习目标

素质目标：培养文明礼貌、诚实守信的个人品德；养成认真负责、精益求精的职业态度，养成良好的职业素养；完修礼仪，注重细节，提升涵养，练就过硬本领，造就闪光人生。

知识目标：了解求职策略，掌握笔试与面试的具体流程与应对方法。

能力目标：能在求职过程中熟练运用各种策略与技巧，提高应对笔试与面试的能力。

思政元素

- 文明礼貌的个人涵养
- 诚信求职的职业品格
- 得体大方的职业礼仪

第一节 求职策略

情景导入

每年一到求职季，就会听到诸如今年的高校毕业生又创新高或再创新高的报道。对于即将融入求职大军的毕业生们来说，你们是否已经是“一身武艺，只欠擂场”？还是依然“缺盔少甲”，需进一步武装自己呢？

知识要点

大学生求职会受到诸多因素的影响，这些因素有可控的也有不可控的，不可控的因素有来自政治的、经济的以及社会的等，可控因素则是与大学生自身息息相关的，比如求职策略与技巧。求职策略与技巧的选择会影响求职结果的成功与否，正确的求职策略会提高就业的成功率。

一、求职策略

（一）信息先行策略

在当下社会，信息的重要性不言而喻。大学毕业生对求职信息要做到敏感、敏锐、敏捷。首先要树立敏感的信息意识，能够搜集来自网络、期刊杂志、亲朋好友的各种就业信息并能进行分析筛选，从而确定自己下一步的求职方向与目标。敏锐就是要有求职的灵敏嗅觉，善于发现与发掘求职信息，做一个有心的求职者。敏捷就是一旦发现有价值的求职信息，就要立即动手，勇敢尝试。

（二）务实为本策略

务实为本是指大学毕业生在求职的时候要从个人实际出发，准确客观地评价自己，才能比较理性地进行职业选择。切不可盲目自信，更不能虚荣攀比，因为过高的自我评价往往会让人在无形中因为脱离实际而找不到合适的位置。

（三）错位竞争策略

这是大学毕业生在面对选择区域、选择行业、选择单位的时候，在对个人与现实进行全面分析之后所应采取的一种策略。它旨在引导大学毕业生避开过于激烈的竞争。错位竞争大致可分为以下三类。

1. 行业错位——“冷”行业实现“热”就业

有句古话说的是“男怕入错行”，这就反映了求职者对所从事的行业的重视程度。因为怕“入错行”，所以人们在求职时往往会选择热门行业，热门行业意味着更好的发展趋势和更好的职业发展前景。然而事实上，产业结构的调整和人们思想观念的变化又会导致行业冷热的变化，没有哪个行业是一成不变的。

2. 区域错位——“理性的选择区域”取代“盲目选择大都市”

现在的大学生一毕业都趋向于选择像北上广这样的一线城市或是东部沿海地区，舍弃中西部地区。区域错位就可以避免出现这种就业区域拥堵现象。

就业区域的选择要注意两个匹配：一是与个人喜好匹配，二是与个人能力匹配。首先，如果你对某一行业感兴趣，就应该寻找能实现自身行业发展抱负的地区，而这样的地区并非只局限在大城市。其次，你要明白自己的竞争实力，“热门区域”的“热门行业”意味着存在更多的竞争者，你需要问自己的是：我能否从众多择业者中脱颖而出？如果不能，我是否愿意放弃行业理想？要是即便是放弃行业理想，也难以找到一个单位，自己该怎么办？当前的一些大学生就业难，就是因为区域定位过高，而自己又不愿意选择重新定位。

职场小故事

18届毕业生小王来自云南罗平，直到当年3月份他还未落实工作单位。在找工作的过程中，罗平有一家制药厂要他，专业对口，又是家乡，然而他本人的择业意向却是：单位地点必须在昆明市，至于到昆明的什么单位、具体做什么工作都无关紧要，除此以外，什么单位都不考虑。在这种心态下，结果自然难以如愿。

【价值启迪】不少毕业生过于向往经济发达地区，尤其是沿海地区的中心城市，最低的期望也是回自己家乡所在地的中心城市。他们只注重经济文化发达、工作环境优越的一面，而忽视了人才济济、相对过剩的一面，择业期望值居高不下，甚至还有逐年上升的趋势，从而导致主观愿望与现实需求之间的巨大落差。

当代大学生应树立良好的择业心理，认清就业形势，客观地认识社会和评价自己，克服盲从心理，增强自信心。

3. 单位错位——“小”单位也有“大”空间

俗话说：“良马虽好，还要伯乐能相，若无伯乐，纵是千里神驹，怕也是碌碌一生。做个凤尾，需处处受人牵制，不如做鸡头，地盘虽小却是你的天下。”当别人都想挤进跨国企业的时候，如果你觉得自己更适合去一家民营企业或是一家国有企业的话，你也有可能获得更大的发展空间。毕竟小单位也有自己的独特优势，它在人事调动上更灵活，可以让你在“身兼数职”的打拼中获得更多的知识与能力。

（四）主动出击策略

面对就业，很多大学毕业生是后知后觉的，他们缺少的就是主动出击的魄力与勇气。求职关乎个人的命运与未来，这就需要大学生克服等、靠、要、怕等消极心理，付诸更多的努力和行动，大胆地去进行自我“推销”，把求职的主动权牢牢地掌握在自己手中。

二、求职技巧

求职技巧的掌握离不开特定的求职途径，不同的求职途径需要的求职方法也不尽相同。

课堂讨论

求职要讲技巧，你准备好了没有？

知识要点

常见的求职途径和技巧

常见的求职途径有参加招聘会、有效利用学校毕业生就业指导机构、咨询各级政府就业指导服务部门、网络搜索等。

1. 参加招聘会

如何透过招聘会来认识企业呢?

(1) 宣传材料

宣传材料是公司形象的一面镜子。它主要包括宣传展板、宣传幻灯、宣传影视片及招聘材料等。这些材料可以给求职者提供招聘单位的比较详尽的情况介绍。当然鉴于是宣传材料，不免有夸大的成分存在，求职者可以就自己感兴趣的问题向招聘单位进行咨询。

(2) 企业性质

企业大致可以划分为科研单位、国有企业、民营企业、合资企业等。前两者的各项福利比较齐全，但薪资水平稍低；后两者薪资水平较高，但福利可能不完善。了解这些后才能在求职过程中更有针对性地去提问题。还有些单位是以总部的名义进行招聘的，具体的工作地点可能只是某个下属单位，毕业生在应聘时也要搞清楚。

(3) 综合实力

仅仅通过企业的宣传材料并不足以让大学生们真正的了解企业，何况有些企业的宣传材料也制作的相对简单。这时候毕业生就需要通过询问诸如企业发展实力和方向、企业员工构成、企业产值和人均产值等问题来对应聘单位进行进一步的了解，因为所有的问题都将对你的决策产生影响。

2. 有效利用学校就业指导机构

学校就业指导机构的职责之一就是致力于开拓毕业生的就业市场，一方面在毕业生就业信息网站上发布各类有针对性的招聘信息，另一方面也负责组织各类校内就业招聘活动。大学毕业生应该充分利用这一媒介，把握毕业生就业信息网站上的有用信息，及时参与校园招聘活动，这样省时又省力的就业途径值得大家好好利用。

3. 咨询各级公共就业服务机构

公共就业服务机构是由原地方人事、劳动保障部门的就业和人才服务管理机构合并成立的。这一机构的成立旨在方便劳动者求职就业和用人单位招聘用人，因为它既是招聘信息的汇集中心，也是求职者的咨询服务中心。而且就目前来说，我国已基本形成了覆盖城乡的公共就业服务体系，所以大学毕业生也要好好利用

这一平台。

4. 传统媒体

伴随着大学生基数的进一步扩大，就业问题越来越成为全社会普遍关注的焦点，以广播、电视、报纸、杂志为代表的传统媒体也加入进来。不少广播、电视也相继提供了就业信息服务，甚至还出现了专门的求职类节目，比如《职来职往》《非你莫属》《你好，面试官》等。一般的报纸也都有专门的求职类模块，当然还有一些就业类的报纸杂志，大学生在求职的时候可以充分利用这些渠道。

5. 现代媒体

对比传统媒体，作为新兴媒体的互联网确实方便快捷了不少，大学生在求职的时候，可以轻松地在网络上查阅到海量的求职信息。一方面可以快速地了解用人单位与岗位职责，另一方面也可以反客为主，在求职信息网上注册个人账号，发布自己的履历说明，让用人单位来了解你。海量的求职信息蕴含着丰富的职业信息，也意味着更多的职业选择，但是它也滋生着一些垃圾信息甚至是有害信息，对于初涉社会的大学毕业生来说，一定要谨慎，以防掉进虚假甚至恶意信息的陷阱而无法自拔。

6. 电话求职

电话求职是通过电话进行求职的一种方式。在求职过程中，如何让对方在接通电话后的几分钟内就对你产生深刻的印象，这就涉及到一些简单的技巧。

(1) 通话时间要合理

首先要避开早上上班和下午下班的时间点，因为这通常是公司最忙乱的时候。其次要避开午休时间，因为大多数人会有午休的习惯。当然还要避开一日三餐的时间，这样打电话最合理的时间段应该是上午九点到十一点以及下午两点到四点。电话打通后还要注意通话时间的长短，最好能在两分钟内就把自己介绍清楚并能引起别人的注意。

(2) 通话语言要得体

电话打通后，求职者应首先礼貌地打声招呼。这就涉及到对方的称呼问题，男性可称呼“先生”，女性可称呼“女士”，当然对于大学毕业生来说，也可以称呼对方“老师”，如果事先知道对方的职务，称呼对方的职务更好一些。接下来在正式通话前，应谦虚的询问对方：“我有几个问题想要请教，请问您现在方便吗?”或者“我想应聘贵单位的某某职位，请问您现在有空吗?”，有问题要说“请问”，通话结束时，应该礼貌地说声“再见”，这是通话结束的信号，也是对对方表示尊重，等对方把话筒放下，再把电话挂掉。

求职小贴士

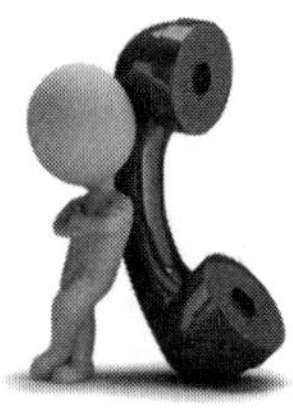

电话求职注意事项如下。

(1) 明确目标所在。明确要应聘哪个职位，该职位全称是什么。

(2) 电话求职在对用人单位较为了解的情况下使用效果更佳，比如自己曾经实习过的单位或曾经有过联系的单位。

(3) 问题没听清楚可有礼貌地请对方重述一次。如有必要，也可要求对方改以其他方式重述他的问题。但不可要求反复重复。

(4) 应注意对方说话的语气，同时自己的表述也要热情简洁，语调要轻松自信，咬字清楚。

(5) 通话内容简明扼要。自我介绍后询问对方是否要招聘或直接询问招聘信息中不明了的事情。

(6) 聚精会神仔细倾听，备好纸笔记下有关问题及和招聘单位相关的重要的信息。

(7) 要抓住要点。对你的主要观点作快速的概括，并提供具体例子来说明。

(8) 尽量使用固定电话拨打对方电话。不是迫不得已不要拨打对方除办公电话外的其他号码。

(9) 细节决定成败。在电话结束时要记得感谢工作人员。随后向求职单位寄一封感谢信，并要表示会与该单位保持联系，目的是获得下一轮的面试机会。

探索思考

根据所学专业，选出最适合个人的求职路径，结合所学知识与实际情况，尝试分析你掌握的求职技巧有哪些。

第二节　笔试攻略

在面试之前，我们先来说一下笔试。因为笔试一般安排在面试之前，但也并不是所有的面试都会有笔试。笔试是用人单位对应试人员的一种考核方法，目的是考核他们的文字能力、知识面和综合分析问题的能力。通常用于一些专业技术要求很强和对录用人员素质要求很高的大型企事业单位，如一些涉外部门、技术要求很高的专业公司以及国家机关选聘公务员等。

情景导入

对于经历过很多次考试的大学毕业生来说，笔试并不陌生。考试的形式都是大同小异的，但是考试的内容却是有差别的。假如摆在你面前的就是一份决定你个人前途的求职试题，你能从容应对吗？

知识要点

一、笔试的含义

笔试是指用人单位采用书面的形式对求职者的基本知识、专业知识、文化素养和心理健康等综合素质进行考核和评估的方法。

二、笔试的种类

（一）专业能力考试

这类考试的目的在于测试求职者身处某一岗位时是否具备该岗位所要求的专业知识和实际能力。如招聘行政管理、秘书方面工作的单位对求职者文字能力的测试；部分单位对某种计算机语言有较高的要求时，测试应用特定语言编程的能力。为检验毕业生实际工作能力或专业技术能力，通常还要进行专业技术能力考试，这种考试往往在专门设置的工作环境中进行。

（二）智商和心理测试

智商测试通常为一些跨国企业所用，他们对大学毕业生的专业并没有特殊的要求，但对大学生的个人素质要求比较高。因为他们坚信大学生的专业能力通过企业培训就可以获得，但是前提是这些大学生自身具有不断接受新知识的学习能力。心理测试是用事先编制好的标准化量表或问卷将求职者的心理特征数量化，以此来测试求职者的态度、动机、个性等心理素质。

（三）综合能力测试

综合能力测试兼有智商测试的要求，但程度更高。比如，应试者要在规定的时间内对一组数据、一组资料进行分析，找出其合理的地方和存在的问题，并设计出解决问题的方案。这是对学生知识面、阅读理解能力、发现、分析和解决问题的能力等方面做的全方位测试，相对来说难度更大一些。

（四）国家公务员资格考试

就公务员考试改革的趋势来看，这类考试倾向于向《行政职业能力测验》和《申论》两科靠拢。《行政职业能力测验》主要测试与公务员职业密切相关的、适合通过客观化纸笔测验方式进行考查的基本素质和能力要素，包括言语理解与表达、数量关系、判断推理、资料分析和常识判断等。申论是测查从事机关工作应当具备的基本能力的考试科目。申论考试按照职位的不同要求，设置两类试卷，一类测查报考者的阅读理解能力、综合分析能力、提出和解决问题能力、文字表达能力；另一类测查报考者的阅读理解能力、贯彻执行能力、解决问题能力和文字表达能力。

三、笔试的准备

（一）备内容

首先，要了解笔试具体考哪些内容。一般在笔试之前，用人单位会通过企业网站、邮件、电话等形式将笔试的通知告知求职者。对于笔试通知的任何疑问和不确定都可以通过咨询用人单位来进一步明确。在把握了考试内容之后，要能够学以致用，因为单纯的记忆性的知识毕竟占的篇幅有限，笔试更多的是在考察求职者运用已掌握的知识来解决实际问题的能力。

（二）备方法

对考试内容的把握离不开合理的学习计划，更离不开科学的复习方法，比如归纳提炼法、系统排列法、“厚书变薄”法、串联构建法等。

（三）备状态

求职者在笔试前要做好身心准备。注意健康饮食和规律作息，在此基础上还要保持健康的心理状态。淡化考试的功利性目的，能够客观的进行自我评价，同时还要增强面对考试的自信心。

（四）备环境

考试前提前去熟悉考场环境，可以消除应试时的紧张心理。对于经历过很多场

考试的大学毕业生来说，备好考试用品（必备证件、必备文具），遵守考场规则应该是最基本的。

四、笔试的方法

（一）掌握科学的答卷方法

1. 通览考卷，确定答题顺序。通常情况下，笔试是有时间限制的，而考题又多而复杂，这时候就需要合理安排答题顺序。拿到试卷后，先阅读注意事项和答题要求，通览试题，把握题型和难易程度，然后根据先易后难、先简后繁的原则确定作答顺序。即先攻克相对简单的题，后攻难题。这样就不会在难题上浪费太多时间。

2. 细心审题，认真作答。在进行具体作答时，一定要认真仔细审题，逐字逐句分析题干，切实弄清楚题目的具体要求，然后再进行作答。

3. 全面检查，防止遗漏。

答题结束后，要尽可能全面的再进行一次卷面检查，注意不要有遗漏的题目，或是出现会错意答错题的情况，当然更不能出现错别字或是语句不通这样的低级错误。

（二）了解正确的答题方法

不同的职业对应着不同的考试科目，不同的考试科目有不同的考核题型，了解不同题型的答题方法有助于求职者成功获取理想的岗位。在此大致介绍以下几种题型。

填空题：看清题目要求是关键，这类题目答案文字极少但重视细节，主要考记忆能力。这类题都会给出一些前提、范围或文字说明，也会给出一些同类项，这些文字提示是你进行推断的依据。

选择题：备选答案相似度、迷惑性很大，区分和选择的关键仍是对已给出的文字的理解程度，可采用比较、推理、排除的方法进行逻辑推演。

判断题：对这类题目求职者可按如下思路进行解答，即先对命题进行正误判断；再分析命题在何种情况下才是正确的。

简答题：按要求列出主要观点即可，无需过多解释，层次清楚言简意赅。

论述题：论述题要根据相关原理来阐释，答案并不统一但鼓励从多角度分析问题，可按“是什么？为什么？怎样做？”的逻辑展开论述，最好有一定的个人见解。

论文题：给出既定材料或题目，据此写出表达个人见解的小论文。此题常涉及一些热点难点问题。针对这类题型，要注意审题，找关键词，确定写作的中心和提纲。行文时还要把握好时间的分配。

体验活动

结合不同的专业，给学生们下发一份相应的笔试试题，按照真正求职时的具体要求，让他们事先体验一下求职场上进行笔试的经历。

探索思考

请大家结合所学专业探索如何顺利通过笔试。

第三节　面试攻略

笔试之后便进入面试环节。鉴于本环节更强调实操性，因此这一节将以“课堂活动”“能力建构”“深化认知”为主要脉络展开。

情景导入

假如，你接到了一个通知你去参加面试的电话，那么接下来你会做哪些准备呢？

知识要点

一、准备面试

所谓“宜未雨而绸缪，毋临渴而掘井”，要想获得面试的成功，就要进行充分的面试准备。当然，这样的准备可能涉及到任何面试前的准备工作，在此仅就面试这一范畴来进行说明。

面试第一步：备物资

课堂活动——选出优秀面试清单

(1) 学生列出面试时所需的物品清单。

(2) 学生与教师共同评选出优秀清单。

能力建构——培养工作的谋划能力

只有首先做好面试的准备工作，才能在投入实际工作后做到举一反三，做好其

他事情的准备工作。面试所需物品清单如下：

面试物品清单

序号	物品	用途（提示）
1	笔（两支以上，放在手提包外侧，方便取用）	带笔是为了可能要填写有关表格或签名
2	备忘录或记事本（放在手提包外侧，方便取用）	面试时可以用来记录或者计算
3	简历	不同的岗位需要的简历版本也不同，宜备至少两份简历
4	学历学位证书	也可带复印件
5	个人照片及身份证	属于必备个人物品，有备无患
6	备考资料 （或者报纸、杂志）	面试等候的时候可以用到
7	手提包	存放所有物品

深化认知——了解面试

（一）面试的含义

面试是通过书面、面谈或线上交流（视频、电话）的形式来考察一个人的工作能力与综合素质，通过面试可以初步判断求职者是否可以融入已有团队。这是一种经过组织者精心策划的招聘活动，以面试官对求职者的交谈与观察为主要手段，由表及里测评他们的有关素质。

面试测评的主要内容有以下几方面。

1. 基本素质方面

(1) 仪表风度。这是指求职者的外貌、举止和精神状态等。一般情况下，仪表端庄、举止文明的人有较强的自我约束力，因而做事也比较有责任心。

(2) 求职动机。了解求职者为何会选择来应聘单位工作，在这样的谈话中可以看清他们在工作中真正追求的是什么，以此来衡量该向不同的求职者提供什么样的工作岗位。

(3) 自我控制能力。具备这类能力的人通常在面对工作压力或领导批评时依然能够保持理智，不会因为情绪波动而影响工作。

(4) 兴趣爱好。对求职者兴趣爱好的把握可以作为之后工作调整的有力依据。

2. 相关能力方面

(1) 语言表达能力。因为是面对面的交流，所以招聘者很容易就能观察出求职者的语言表达能力。具体包括他们所要表达的内容是否完整准确有条理，谈话是否前后连贯不冲突，语言是否具有说服力等。

(2) 综合分析能力。在面试过程中，企业招聘人员往往会提出一些具体的问题或现象，目的在于让求职者透过问题或现象，看清事物的本质，并进行全面深刻的分析。

(3) 反应应变能力。考察求职者能否迅速而又准确地理解所提问题，尤其是对于工作中的突发事件的反应与应对能力。

(4) 人际交往能力。主要是看求职者是否具备善于与他人交往的能力。在面试中，通过询问求职者喜欢与什么样的人打交道以及他在各种团体和场合中所处的角色，就可以了解他的人际交往能力。

3. 职位匹配方面

(1) 专业知识。对比笔试而言，面试时对专业知识的考察更贴近实际的岗位需求，也更具有一定的深度和灵活性。

(2) 实践经验。一般情况下，企业招聘人员会根据求职者的简历或者个人信息登记表来询问他们以往的工作情况，据此来考察他们各方面的实际工作能力。

一场面试所考察的内容有很多，除上述这些之外，还包括判断力、执行力以及工作态度等方面，大学生在求职过程中尤其要注意这些。

(二) 面试的类型

1. 根据面试人员的组成划分：个人面试和小组面试。

个人面试又分为一对一面试和多对一面试两种。一对一面试指的是一个招聘者与一个求职者面对面的交谈，这种方式可以使双方建立较为亲密的关系，谈话内容也比较容易深入；但是弊端就在于决策容易受招聘者也就是主考官个人情感的影响。多对一面试有 2~5 个面试者，他们之间存在着不同的角色分配。通常情况下会有三位面试官，分别从个人基本素质、相关能力及职位匹配三个方面来考察。在一些更为严肃的场合，比如公务员面试，面试官可能要更多。

在某个职位的求职者较多时，为了节省时间通常会用到小组面试，让多个求职者组成一组，由数个面试考官轮流提问，着重考察求职者的个性和协调性。

2. 根据面试的方法划分：常规面试和情境面试。

常规面试：这是最常见的面试形式，面试官和求职者之间通过面对面的你问我答的形式来完成面试。

情境面试是指通过对岗位进行分析，确定工作情节，设计出一系列的问题，面试者将会对所有求职者询问同样的问题，然后按预定的答案对他们的回答进行评价的一种面试方法。在面试过程中常常引入无领导小组讨论、公文处理（又称“文件筐技术”）、角色扮演、演讲答辩、案例分析、操作演示等模拟方法，因而常见的情境面试有以下几种。

(1) 无领导小组讨论：由一定数目的考生组成一组（8~10 人），就指定问题进行一定时间的讨论，所有求职者都以平等的身份参与其中，面试者不予干预，以此来测试考生的组织协调能力、口头表达能力、辩论能力和处理人际关系的能力等。

(2) 情景模拟测验：将求职者置身于某一模拟情景中，要求其以任职者的身份来处理诸如此类的实际工作问题。面试者据此来判断其是否具备相应的实际工作能力。

(3) 公文筐测验：又叫文件处理测试、篮中训练法 (In–basket)，它将被评价者置于特定职位或管理岗位的模拟环境中，由评价者提供一批该岗位经常需要处理的文件，要求被评价者在一定的时间和规定的条件下处理完毕，并且还要以书面或口头的方式解释说明这样处理的原则和理由。

(4) 评价中心：在测试过程中，求职者将被置于一个模拟的工作情景中，面试者将采用多种评价技术，观察和评价他们的心理和能力表现，以此来测评求职者能否胜任某一岗位，并预测他们的能力和潜力，同时察觉他们的不足之处，以确定培养所使用的方法。这种方法综合运用了多种评价方法，所以测评效果较好，但是该测评过程主要依赖专家，因而使用范围有限。

面试第二步：备形象

课堂活动——评选优秀个人形象

(1) 课堂上让学生选出形象较为优秀的学生或者比较符合面试要求的学生。

(2) 师生共同分析优秀的个人形象包括哪些要素。

能力构建——具备自我展示的能力

对于即将求职的毕业生而言，可能还没有太多求职的经历，但大家却都拥有审美的能力。在面试中，能把自己美的一面呈献给对方也是一种能力要求。正所谓秀外慧中，下面来分析一下如何“秀外”。

男士形象要求

1. 着装设计

(1) 服装

在面试这样的正式场合，男士一般要穿西装。西装的色调要以给人稳重感的深色为主，如黑色、深蓝色、灰色等。常见的西装是单排或双排扣，有两到三粒扣子，需要提醒大家的是西装的扣子有“系一系二不系三”的说法。衬衫最好是长袖的，颜色应以白色或浅色为主，不带图案或者花纹。

领带的搭配是为了让人更加精神。一条价格适中、清洁整齐、色彩协调的领带可以为面试增添更多色彩。除了要注意领带的款式和色彩外，还要注意领带的长度不要超过皮带。

对于高职类毕业生而言，相当大的一部分学生应聘的是生产一线的技术工种，这个时候就不需要西装革履了，最朴实的衣服反倒给人最踏实的印象。

(2) 鞋袜

比较正式的鞋子应该是深色的皮鞋。求职者应注意保持鞋面和鞋跟的干净整

洁，如果是系带的皮鞋还要注意检查鞋带系好了没有。袜子的颜色选择应该和西装搭配，最好是深棕色、深蓝色、黑色或灰色，袜筒要足够长。

2. 身体修饰

(1) 手和指甲：面试过程中，手作为人体活动最多的一部分，也会成为面试官关注的焦点。因此，应该保持双手干净，指甲修剪整齐。

(2) 发型：男士发型要得体，注意头发不要太长，更不宜染发。

(3) 饰物：男士的饰物一般就是公文包和手表。对于面临找工作的大学毕业生来说，可以佩戴一块手表，这样既可以用来把控时间，又可以表现的成熟稳重一些。

女士形象要求

1. 着装设计

(1) 服装

女士在正式场合的着装首选深色调的西装套裙，上下同质同色，总共不超过两种颜色。衬衣要简洁大方，最好不要有蕾丝或镂空装饰。裙子应及膝或过膝，裙摆不宜过短或过长。如果穿长裤，则选择质地柔软的西装裤子。

(2) 鞋袜

女士鞋袜的选择要和整体的服饰搭配相协调。鞋子宜选择正式皮鞋，袜子首选肉色，为防止抽丝可自备两双袜子。

2. 身体修饰

(1) 手和指甲：女士的手通常是其气质外观的体现，因此要保持干净，指甲应修剪好，不要留长指甲，也不要涂抹艳丽的指甲油。

(2) 发型：女士发型的选择应结合自己的脸型来定，短发的话就要保持简单干练，长发的话可以把头发盘起来，切忌披头散发。

(3) 妆饰：女士可以化比较素雅的淡妆，以使个人显得更加精神。在面试时不宜佩戴首饰，确有需要的话也应点到为止，切忌琳琅满目。

深化认知——掌握面试礼仪

一个人的穿着打扮和举止行为可以反映出他的个人修养与生活风格，而且仪容仪表往往可以决定着招聘者对求职者的第一印象，而面试中求职者的行为礼仪在很大程度上也影响着面试结果。

(三) 面试的礼仪

求职者的一举一动、一言一行都渗透着礼仪问题，接下来将从进入面试室到离开面试室来对礼仪问题做一下说明。

1. 敲门进入面试室

面试轮到自己时，进入面试室前应先轻轻敲门（门一般是关着的），听到回复

后再进去。注意敲门的时候不可用力太大，也不可先将头伸进去张望一下再进门，更不可大大咧咧地直接推门而入。进门后，应轻轻地转过身去关上门。

求职小贴士

敲门礼仪口诀。叫门需轻敲三下，一长两短要牢记。得到允许方可进，进入屋内再关门。事毕需要听应答，之后轻轻推开门。随手轻轻门带上，保持屋门还原样。

2. 主动打招呼

可点头微笑或鞠躬，也可问候，如“上午好”、“下午好”或“各位考官好”。不要主动和面试官握手，除非对方先伸手。

鞠躬的时候身体立正站好，双脚跟并拢，脚尖微微打开，头、颈、背成一条直线，上身向前倾斜约 30 度，目光落在自己身前 1~2 米处或对方的脚尖上，女士双手虎口相对自然重叠在身前，男士两手伸直放在两腿上，中指贴于裤缝。

3. 面试时的姿态

（1）站姿

女士站姿：

第一种：头正目平，面带微笑，挺胸收腹，腰直肩平，双臂自然下垂，两腿并拢站直，双脚八字步或丁字步，双手虎口相交叠放于脐下三指处，手指伸直不要外翘（如图 5–1）。

第二种：双手轻握放在腰际，手指可自然弯曲（如图 5–2）。

图 5–1

图 5–2

男士站姿：

第一种：双腿并拢，两手放在身体两侧，手的中指贴于裤缝（如图 5–3），这种站姿适合比较庄重严肃的场合。

第二种：双脚平行不超过肩宽，一只手放腹前握住另只手手腕（如图 5–4）。

图 5–3

图 5–4

求职小贴士

站姿礼仪口诀。挺胸抬头不翘额，双脚张开不过肩。重心就在两腿间，肩膀放松手扶前。手贴裤线放两边，或把手放后面。不插裤兜不插袖，立定站稳似如松。丁字步来跟并拢，脚尖稍微开一点。挺胸收腹肩放松，双手放在体两侧。或将手儿放腰际，禁忌叉脚或抱肘。

（2）坐姿：正确的坐姿是身体放松，两腿自然并拢，手放在膝上，挺直腰板，身体微向前倾，入座时最好坐到椅子的三分之二处。入座后注意最好不要做可能引起面试官反感的小动作，如下意识地看表、翘二郎腿或抖晃双腿、用手掩口、摇头晃脑及玩弄随身携带的小物件等。

女士坐姿：

第一种：正襟危坐式。身体重心垂直向下，双腿并拢，大腿和小腿成 90 度角，双手虎口相交轻握放在左腿上，挺胸直腰面带微笑（如图 5–5）。

第二种：双腿斜放式。身体重心垂直向下，双腿并拢，大腿和小腿成 90 度角，平行斜放于一侧，双手虎口相交轻握放在腿上，挺胸直腰面带微笑（如图 5–6）。

第三种：前伸后屈式。身体重心垂直向下，双膝并拢左脚前伸，右脚后屈或右脚前伸左脚后屈，双手虎口相交轻握放在左腿上，更换脚位时手可不必更换，挺胸直腰面带微笑（如图 5–7）。

图 5–5

图 5–6

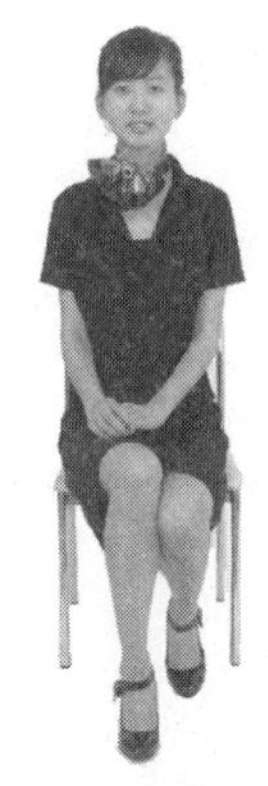

图 5–7

男士坐姿：

第一种：垂腿开膝式（如图 5–8）。

第二种：正襟危坐式（如图 5–9）。

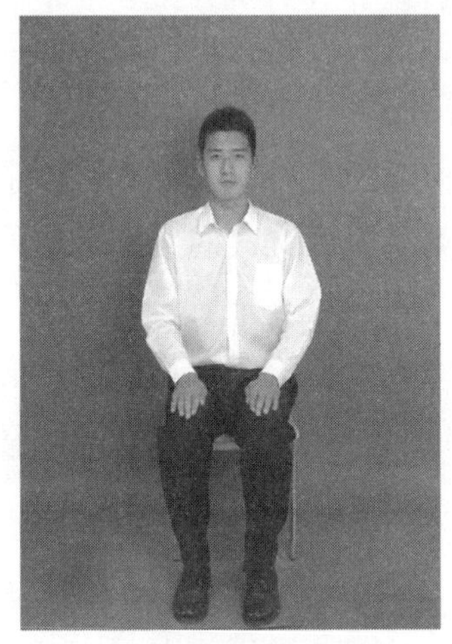

图 5–8

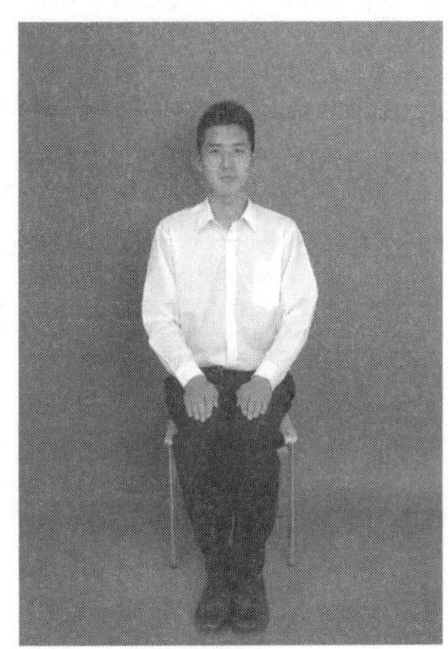

图 5–9

（3）走姿：行走的时候，抬头挺胸，目视前方，双肩平稳。

4. 面试时的表情

眼睛、嘴形和眉形的变化就构成了人的面部表情，有意识的调整面部表情可以起到提升个人形象的效果。

（1）眼睛："学会了眼睛的语言，在表情达意上是无穷无尽的。"在面试时，求职者要学会与面试者的目光接触，善于选择注视的方式、方向和视线交流的角度，注意时间的长短等。在跟对方谈话时，眼神不能游离不定，而要注视对方以示诚意。

求职小贴士

视线接触区划分：视线接触区分为公务凝视区域，以两眼为底线、额中为顶角形成的三角区；社交凝视区域，以两眼为上线、唇心为下顶角所形成的倒三角区；亲密凝视区域，从双眼到胸部之间的区域。面试的时候会有几个面试官在场，说话的时候要适当用目光扫视一下其他人，以示尊重。

(2) 微笑。求职过程中要善于微笑，在跟对方见面、交谈、打招呼、告别时最好都要带着微笑。当然，这样的微笑应该是发自内心的。

5. 面试时的语言

谈话时若无特殊情况不可随便打断别人的讲话，即使有某种原因，也要以适当的方式插话。讲话时不要有太多的手势语或口头禅，让人看了或听了不舒服。手势语作为一种伴随语言，它的出现在于重点强调或辅助口头表达，求职者在使用时要注意是否得体。而诸如“呢、啦、吧、啊”等语气词或者口头禅也尽量避免，以免让面试官误以为你是因为准备不充分而如此。要说标准的普通话，不可讲错字或念错音，最好不用方言。若是涉外单位，还要做好用英语面试交谈的准备。另外，面试时语气要平和，不可过于自负或过度谦虚。

当面试者示意面试结束时，应微笑起立，感谢用人单位给予你面试的机会，然后说“再见”，没有必要握手（除非面试者主动伸出手来）。如果你进入面试室时有人接待或引导你，离开时也应一并向其致谢告辞。

职场小故事

小 A 是 2017 级数控高职毕业生，以笔试第一名进入到面试环节，在面试现场，他穿着拖鞋、运动短裤、背心，非常自信地走进面试室。面试工作人员拒绝他进入面试室并告知他单位不需要这样的人。他很诧异。

【价值启迪】面试是自身与面试官最直接的“短兵相接”，面试礼仪是面试制胜的法宝。他缺乏礼仪修养、不注重细节，导致面试失败。因此，在面试过程中要讲职业礼仪，展现良好修养。

二、进行面试

面试第三步：备考官

所谓知己知彼，百战不殆。至于对自己的认知，在之前的章节已经给大家做了

详尽的说明，在这里我们就重点来说一下如何认知面试过程中的另一个主体，即面试考官。

课堂活动——模拟考官

(1) 找几组具有代表性的学生出来充当面试官，让其他学生观察其特点。

(2) 师生共同总结出不同的面试官所具有的特点。

能力构建——掌握应对不同考官的策略

面试的考官有很多类型，但大体可分为以下几种。

(一) 亲切型面试官

特征：待生如宾，周到服务，嘘寒问暖，谦虚严谨，内心清醒。这类考官善于赞美，很少否定别人，对求职者的缺点很少提及，对他们以往的成绩给予积极认可，乐意让你充分表达，并加以引导，使你信任他。

对策：必须保持清醒。第一，不要做戏，诚心诚意、老老实实地谈自己的想法；第二，不要一味迎合考官，也不要妄自尊大。考官表面谦虚可亲，内心却有一种优越感，妄自尊大最令他反感。考官既然如此谦虚，应聘者最好比他更谦虚。

(二) 健谈型面试官

特征：过于健谈，重自我表达，不重沟通；话题扩散，没完没了。

对策：第一，要认真聆听，显出浓厚的兴趣，促使其把话说下去；第二，要找准切入点，发现共同语言。

(三) 冷峻型面试官

特征：往往面无表情，让求职者感到气氛紧张，不寒而栗。言语简单明了，通常第一句话就是“请坐”。以后再无下文，很少出现任何赞美成分。

对策：第一，毕业生按部就班发挥即可，不要做过多的自由论述；第二，给考官留一个好印象。这个好印象是：沉稳、坚定、精明能干、责任心强、值得信赖。

(四) 高傲型面试官

特征：给人一种傲慢的感觉，客气但装腔作势，眼神傲慢且脸上无一丝笑意，经常用鼻音或“哼哈”之声应人，甚至不予理睬。

对策：第一，毕业生一定要打赢心理战，不要产生自尊心受到伤害的感觉；第二，进行必要的寒暄，用语简洁有力，尽量不要讲刺激性话语，将必要情况简单交代即可；第三，如果对方说些刺耳的话，要不温不火，尽力保持平静，无须过多理会对方的反应。

(五) 平常型面试官

特征：稳稳当当，总是从小事出发，然后慢慢铺开，而且不时“旧事”重提，反复询问，毕业生必须反复解释；他们主持的面试往往缺乏一定的主题与层次，有时还会说出心中的顾虑，使你忧心忡忡。

对策：第一，说话尽量保持谦虚、温和的口气，耐心回答问题，内容尽量详细，多些说明，少些辩论；第二，考官说话时，毕业生要做个耐心专注的聆听者，少插话多听讲，有问题必须在对方说完后再提出来；第三，毕业生不防在面试时显得大方些，与面试官进行闲聊式的对谈。

 面试第四步：备问题

课堂活动——梳理面试问题

(1) 课堂上让学生进行面试问题的列举。

(2) 师生共同总结出最有可能被面试官提及的一些问题。

能力构建——培养应对不同问题时的分析与判断能力

面试时，求职者经常遇到的第一个问题就是：请你自我介绍一下。

回答思路：① 这是面试的必考题；② 介绍内容要与个人简历相一致；③ 表述方式尽量口语化；④ 要切中要害，不谈无关、无用的内容，建议你最多用二十秒介绍自己的姓名、学校、专业，然后立马引出自己的强项；⑤ 条理要清晰，层次要分明；⑥ 最好事先以文字的形式写好背熟。有效的自我介绍就是要有重点地进行自我推销，要突出个人的优点、特长、专业技能和知识，巧妙地在自己的特长与所应聘的职位之间找到相关性。

求职小贴士：自我介绍成功模式

我叫×××，×× 省 ×× 市人，今年 6 月将从×× 学校 ××专业本科（专科）毕业。除了简历上您看到的介绍，我愿意特别说一下我在××× 方面的特长 / 我最大的特点是……（给出事例）正是基于对自己这方面的自信，使我有勇气来应聘贵公司（单位）的 ×××职位。(看表）一分钟到了，希望我没有超时。(很阳光的微笑)

问题二：谈谈你的家庭情况。

回答思路：① 家庭情况对于了解应聘者的性格、观念、心态等有一定的作用；② 简单地罗列家庭人口；③ 宜强调温馨和睦的家庭氛围；④ 宜强调父母对自己教育的重视；⑤ 宜强调各位家庭成员的良好状况；⑥ 宜强调家庭成员对自己工作的支持；⑦ 宜强调自己对家庭的责任感。

问题三：你有什么业余爱好？

回答思路：① 业余爱好能在一定程度上反映求职者的性格、观念和心态；② 最好不要说自己没有业余爱好；③ 不要说那些令人感觉不好的爱好；④ 最好不要

说自己仅限于读书、听音乐、上网，因为这可能让人误以为求职者有些性格孤僻；⑤ 最好能有一些户外的业余爱好来点缀你的形象。

问题四：你最崇拜谁？

回答思路：① 不宜说自己谁都不崇拜；② 不宜说崇拜自己；③ 不宜说崇拜一个虚幻的或是不知名的人；④ 不宜说崇拜一个明显具有负面形象的人；⑤ 所崇拜的人最好与自己所应聘的工作能“搭”上关系；⑥ 最好说出自己所崇拜的人的哪些品质、思想感染着自己、鼓舞着自己。

问题五：你的座右铭是什么？

回答思路：① 不宜说那些易引起不好联想的座右铭；② 不宜说那些太抽象的座右铭；③ 不宜说太长的座右铭；④ 座右铭最好能反映出自己某种优秀品质，比如：“只为成功找方法，不为失败找借口”。

问题六：谈谈你的缺点。

回答思路：① 不宜说自己没有缺点；② 不宜把那些明显的优点说成缺点；③ 不宜说严重影响所聘岗位的缺点；④ 可以说一些对于所聘岗位“无关紧要”的缺点，甚至是一些表面上看是缺点，从工作的角度看却是优点的缺点。

求职小贴士：被问缺点时的三种回应方式？

1. 坦然承认博得认同。如果自己有缺点，与其为此找理由，不如使对方在情感上认同你对待自身缺点的态度。比如，当被问及“你为什么曾留级一年？”时，你应该诚实地说：“我也觉得留级很不应该，当时作为社团的负责人，投入到社团活动上的精力太多，忽略了自己当学生的本分，觉得很惭愧，我一直都为此事耿耿于怀，更不愿重蹈覆辙。”这种情况下，面试官通常会认为你是个知错就改的人，而且会认同你的处境，心存好感地听你说下去。

2. 消除误会缩短距离。有的“缺点”并不是缺点，而是误会造成的，这时你应及时澄清，消除对方的传统看法。比如，一个毕业生到一个普通公司去面试，在介绍自己时说：“我的父亲是高干，但他对我的要求很严，家中虽有保姆，但我自己的事都是亲自动手做，我的生活能力很强，也从不依赖父亲的职权，所以到你们公司去，你们受的苦我都能吃……”这位求职者就抓住了这点，从而缩短了与用人单位的距离，使对方觉得他在各方面都能严格要求自己。

3. 明谈缺点实论优点。这种情况可联系大学生的共同弱点（比如缺乏实践经验、社会阅历较浅等），再结合本专业的发展趋势对自己知识结构、专业知识的挑战及个性中的缺憾（如过分追求完善，可能开拓精神不够；或过于追求工作效率，小心谨慎等），讲讲自己正在克服和能够改正的一些弱点，谈谈理想与现实的差距，讲那些表面是缺点但对某项工作有益的个性。相当于说："我很丑可是我很温柔"、"我很笨，但是我很忠于职守"等，比如："我应该学会耐心些，朋友都说我的性子比较急，我总想把事情或工作赶在第一时间完成，我不太能容忍对工作的怠慢。""我做任何事往往会对自己的期望值过高。"等。

【价值启迪】面试考场是我们在考官面前展示自己的一个舞台。在短时间里如何让考官在众多优秀考生中选中自己，除了以情感人，还要以理服人，要注重礼仪、讲究修养、提升品质，方能赢得面试，赢得职场。

问题七：谈一谈你的一次失败经历。

回答思路：① 不宜说自己没有失败的经历；② 不宜把那些明显的成功说成是失败；③ 不宜说严重影响所聘岗位的失败经历；④ 所谈经历的结果应是失败的；⑤ 宜说明失败之前自己曾信心百倍、尽心尽力；⑥ 失败后自己很快振作起来，以更加饱满的热情面对以后的工作。

问题八：你为什么选择我们公司？

回答思路：① 面试官试图从中了解你求职的动机、愿望以及对此工作的态度；② 建议从行业、企业和岗位三个角度来回答；③ 参考答案："我十分看好贵公司所在的行业，我认为贵公司十分重视人才，而且这项工作很适合我，相信自己一定能做好"。

问题九：对这项工作，你有哪些可预见的困难？

回答思路：① 不宜直接说出具体的困难，否则可能令对方怀疑求职者的能力；② 可以说出自己对困难所持有的态度："工作中出现一些困难是正常的，也是难免的，但是只要有坚忍不拔的毅力、良好的合作精神以及事前周密而充分的准备，任何困难都是可以克服的"。

问题十：如果我录用你，你将怎样开展工作？

回答思路：① 如果求职者对于所聘岗位缺乏足够的了解，最好不要直接说出自己开展工作的具体办法；② 可以尝试采用迂回战术来回答，如"首先听取领导的指示和要求，然后就有关情况进行了解和熟悉，接下来制订一份近期的工作计划并报领导批准，最后根据计划开展工作"。

问题十一：与上级意见不一时，你将怎么办？

回答思路：① 一般可以这样回答"我会给上级必要的解释和提醒，在这种情况下，我会服从上级的意见"；② 如果面试你的是总经理，而你所聘的岗位另有一位

经理，且这位经理当时不在场，可以这样回答“对于非原则性问题，我会服从上级的意见，对于涉及公司利益的重大问题，我希望能向更高层领导反映。”

问题十二：我们为什么要录用你？

回答思路：① 求职者最好站在招聘单位的角度来回答；② 招聘单位一般会录用这样的求职者：基本符合条件、对这份工作感兴趣、有足够的信心；③ 参考回答：“我符合贵公司的招聘条件，凭我目前掌握的技能、高度的责任感和良好的适应能力及学习能力，完全能胜任这份工作。我十分希望能为贵公司服务，如果贵公司给我这个机会，我一定能成为贵公司的栋梁！”

问题十三：你是应届毕业生，缺乏经验，如何能胜任这项工作？

回答思路：① 如果招聘单位对应届毕业生的求职者提出这个问题，说明招聘单位并不真正在乎“经验”，关键是看求职者怎么回答；②对这个问题的回答最好要体现出求职者的诚恳、机智、果敢和敬业；③ 参考回答：“作为应届毕业生，在工作经验方面的确会有所欠缺，因此在读书期间我一直利用各种机会在这个行业里做兼职。我也发现，实际工作远比书本知识丰富、复杂。但我有较强的责任心、适应能力和学习能力，而且比较勤奋，所以在兼职中均能圆满完成各项工作，从中获取的经验也令我受益匪浅。请贵公司放心，学校所学及兼职的工作经验使我一定能胜任这个岗位。”

问题十四：你希望与什么样的上级共事？

回答思路：① 通过求职者对上级的“希望”可以判断出其自我要求的意识，这既是一个陷阱，又是一次机会；② 最好回避对上级具体的希望，多谈对自己的要求；③ 参考回答：“作为刚步入社会的新人，我应该多要求自己尽快熟悉并适应环境，而不应该对环境提出什么要求，只要能发挥我的专长就可以了。”

问题十五：你在工作待遇方面有什么要求？

回答思路：① 对于应届毕业生来说，在面试中不要主动谈薪酬，对方问你对薪水的期望时，应谨慎应对；② 回答参考：“我对薪酬不会计较过多，我更注重的是工作机会，相信贵公司会根据我的工作能力和表现，认可我的工作价值而给予我合理的薪酬。”也可以这样回答：“我对工资没有硬性要求。我相信贵公司在处理我的问题上会友善合理。我注重的是找对工作机会，所以只要条件公平，我不会计较太多。”③ 如果你必须自己说出具体数目，请不要说一个宽泛的范围，那样你将只能得到最低限度的数字，最好给出一个具体的数字，这样表明你已经对当今的人才市场作了调查，知道像自己这样学历的雇员有什么样的价值。

问题十六：你最显著的成就是什么，为什么？

回答思路：① 主考官问这样的问题是在考察求职者的价值观，求职者回答时要透露出自己的判断标准；② 初入社会的毕业生常这样回答：“在校时学业虽然很重，我还是顺利完成了，我非常骄傲能在上学时外出做兼职。”表面上看起来这种回答好像不错，也许很多人曾做过类似的回答，但它缺乏有价值的内容。首先，这种回答毫无特别之处；其次，回答太空泛，应把自己经历中的亮点作为事例讲给面试官听。就算你没有得过奖学金，没有担任过什么职务，也没有组织过什么活动，你肯定也有自己的亮点，比如说：我觉得大学四年我最大的收获是结交了很多非常好的朋友，建立了很好的人际关系。

问题十七：你还有什么问题要问吗？

回答思路：① 企业不喜欢说“没问题”的人，因为他们很注重员工的个性和创新能力，如果你没有问题的话，说明你可能不了解这家公司，这是对公司情况缺乏兴趣的信号；② 回答参考：贵公司对新人公司的员工有没有什么培训项目，我可以参加吗？贵公司的晋升机制是什么样的？干这份工作获得提升的可能性如何？我会接受何种培训？

深化认知——面试的流程

从广义上来说，面试的流程由面试宣讲会、简历筛选、初试、复试、签约等环节组成。在此，我们就狭义的面试流程也就是面试进行时的流程来进行一下说明。

预备阶段：进行面试时，通常情况下面试官会有一段开场白，接下来会要求求职者先做一个自我介绍，一般1~3分钟即可。通过自我介绍，求职者的精神状态、求职心态、语言表达能力等会反馈到面试官那里，形成至关重要的第一印象。

引入阶段：面试官可能会向求职者提问一些面试的常见问题，以此来判断求职者的基本素养。当然，对于常见问题的提问，也有利于消除求职者的紧张情绪，为下一步问题的提出做出铺垫。

关键阶段：这个阶段，面试官会提出一些被精心设计过的问题，这类问题可能更专业，也更能考验一个人的实际能力。通过对求职者的反应能力或应对能力的观察，面试官可以确定求职者是否真正地适合目前的招聘岗位。

结束阶段：面试临近结束时，面试官会询问你还有什么疑问，并对疑问进行解答。最后还会告知求职者何时可以获得面试结果或做其他的安排。

资料链接：面试禁忌有哪些？

1. 迟到。这是面试的大忌，准时是一个人最基本的素质和修养。不准时的人会让人觉得没有责任感。但如果因为堵车或地方不熟悉而迟到，应第一时间与用人单位取得联系并讲明情况。

2. 被动。面试时沉默寡言，回答问题也只是“是、不是、好、可以”等简单的字符。考官不说话时，也不会适时主动说话。

3. 自大。有些求职者三番五次质询用人单位的规模、升级制度、在职

培训情况等，而对用人单位提出的问题不屑一顾，或是无礼打断考官的问话，甚至反问主考官。

4. 不当反问。例如主考官问："关于工资，你的期望值是多少？"求职者反问："你们打算给多少？"这样的反问很不礼貌，容易引起主考官的反感。

5. 急于套近乎。具有一定专业素养的面试官是忌讳这一点的，聪明的求职者可以适度的根据一两件自己所掌握的事实来赞扬招聘单位，从而表现出你对这家公司的兴趣。

6. 盲目应试。求职者择业意向不明确或对用人单位及招聘岗位的要求不清楚，"有病乱投医"，盲目应试赶场，结果自然以失败告终。

三、跟进面试

 面试第五步：备后续

课堂活动——探索跟进面试的好方式

(1) 学生们思考并列出自己的跟进面试的方式。

(2) 师生总结得出跟进面试的可行性方式。

能力构建——学会感谢与感恩

大部分求职者都会用心留意面试时的礼仪，而往往忽略了面试后的跟进工作。虽然跟进方式有很多种，但是感谢信一直备受求职者们青睐。写感谢信要注意以下几点：

一是感谢对方的面试机会；二是要懂得通过具体的细节来表达对贵公司的赞赏，而不只是泛泛之谈；三是重申你与岗位的匹配，再次表明你对岗位的兴趣和信心；四是即使得知面试失败了，最好也要写一封感谢信，因为万一岗位出现空缺时，这也是一次不错的铺垫。

求职小贴士：感谢信（示例）

尊敬的王部长：

您好！我是×月×日到贵公司应聘的×××。非常感谢您给了我这次面试机会。很高兴认识您，跟您的谈话愉快而富有收获。

通过这次谈话，我更加深刻地认识了贵公司，尤其是贵公司的企业文化，让我感受到这是一家有社会责任感的公司。同时感谢您对我的认同和赞许。在面谈中，您对公司的真挚情感溢于言表，您深入细致的洞察力、亲和力以及您的谈吐，都令我敬佩不已，您是我今后学习的榜样！如若能

进入公司，得到您的指点，共同为实现企业目标而努力，将是我职业生涯中的一件幸事！

面试中，我也了解到销售助理岗位的职责和要求。纵观自己的学习、实践经历，加之通过以后不断地学习和努力，我完全有信心胜任此工作岗位。结合您的问题，总结几点如下：

一、贵公司的产品技术含量高，与我所学的专业高度吻合，相信我的专业背景可以帮助我深入了解产品性能和技术指标，一定有助于销售目标的达成。

二、尽管我在与人交往时比较平和，但对于售后工作，我还是非常有激情的。我愿意投入自己的时间和精力，把销售工作做好。

三、我虽然是应届毕业生，但通过参与一些社会兼职和广告赞助等活动，积累了一定的售后经验。

我迫切希望公司能给我一次锻炼的机会，我一定能为公司发展做出应有的贡献。真诚期望能够和您成为同事，能够成为公司一员，能够发挥我的价值！

再次感谢！

××职业技术学院

×××

深化认知——面试后的成长

对一个即将走出校园的大学毕业生来说，要想一次性找到一份还算满意的工作并不容易。所以说，面试也是一件比较残酷的事情，经历一次就会有一次的成长。面对一次次的面试，大家要学会自我反省，从中找到自己的不足和欠缺之处，争取在下一次面试时能够做出弥补。尽量把你参加面试的所有细节记下，考后可以用来分析你落选的具体原因是什么。万一通知你落选了，也应该虚心地向招聘方请教你有哪些欠缺，以便今后改进。这样，就可以知道自己到底为什么落选。一般来说，能得到这样的反馈并不容易，应该好好抓住时机。

面试结束后就意味着你已经完成了一次面试，但这只是完成了一个阶段。如果你同时向几家公司求职，则必须收拾心情，全身心投入到第二家公司的面试中去。因为在没有收到聘书之前，都不算面试成功，你不应放弃任何机会。

探索思考

在了解了面试、掌握了该如何准备和展开面试的情况下，大家需要思考的便是怎样在这样相对平等的起跑线上跑赢自己的人生呢？

第四节 技能提升训练营

一、活动名称

秀出最好的自己——情景模拟面试

二、活动目的

随着全国高等院校的扩招，大学毕业生的就业形势日趋严峻，就业压力日益增大。他们迫切希望在融入社会的时候能够找到自己满意的工作，而往往会有一些学生在迈出校园走进社会的起跑线上就已经落后一步了。此活动旨在让大学生们体验面试场景，注重面试礼仪，提高面试技巧。养成良好的职业素养，铸就诚实守信的职业品格，顺利叩开职场之门。

三、活动设计

活动时间：90 分钟。

活动对象：合堂班全体成员。

活动形式：笔试+面试。

四、活动步骤

（一）笔试环节

参赛学生进行简单的职业性测试、素质测试、心理测试和相关专业知识测试，按得分高低进行排名，并将笔试成绩按 40%计入最终总成绩。

（二）面试环节

岗位展示：不同专业的学生涉及的岗位可能有所不同，这次模拟招聘的岗位设置为办公室文员。

（三）准备

1. 全班分为两组，一组担任招聘公司，准备公司招聘启事及问题清单，安排 7 名学生担任主考官，1 名学生主持招聘会，提前在黑板上公示招聘要求；一组担任面试学生，准备个人资料。

2. 演练：一节课一场招聘面试，中间休息十分钟，共两场招聘面试，面试者叫号或按学号顺序依次单独进行面试。

3. 座位安排：

主席台：1 名面试者。

考官席：7 名考官，1 名主持者。

观众席：其他模拟组学生。

（四）流程

1. 职场初印象：本环节由求职者上台问候并做自我介绍，包括自己的姓名、系别及专业以及目标职位、期望薪金等。

2. 天生我有才：由招聘单位一方提出问题，求职者回答。要求注意站姿、肢体动作、吐词音量。

3. 学生点评。

4. 老师点评。主要就学生礼仪、形象、回答技巧点评，指出学生表现的优缺点及改进建议。

（五）评分细则

面试评分表

<table>
<tr><td colspan="2">应聘职位</td><td colspan="2"></td><td>姓名</td><td>性别</td><td>学历、工作经验</td><td colspan="2"></td></tr>
<tr><td colspan="2">测评要素</td><td>礼仪礼节</td><td>专业水平</td><td>分析和解决问题能力</td><td>语言表达能力</td><td>应变能力</td><td>职位要求的其他相关因素</td><td>合计</td></tr>
<tr><td colspan="2">分值</td><td>10</td><td>25</td><td>40</td><td>10</td><td>10</td><td>5</td><td>100</td></tr>
<tr><td colspan="2">评分要点</td><td>仪态大方、举止文明、衣着整洁；有良好的坐姿、站姿、走姿；妆容自然。</td><td>紧密结合工作业务回答问题；专业知识与业务水平。</td><td>工作思路清晰，判断分析问题准确、深刻、透彻，有创意；解决问题的办法、措施得当。</td><td>语言表达的逻辑性、条理性、简练性、准确性、流畅性及感染力和说服力。</td><td>反应的机敏程度；临场应变情况，面对压力的心理承受能力和自制力；处理问题的灵活性和有效性。</td><td>个人的志趣、爱好、特长、知识、经验、文化素养、个性特征等与拟任职位的适应程度。</td><td></td></tr>
<tr><td rowspan="3">评分标准</td><td>好</td><td>8~10</td><td>21~25</td><td>31~40</td><td>8~10</td><td>5~10</td><td>5</td><td rowspan="3"></td></tr>
<tr><td>中</td><td>6~7</td><td>11~20</td><td>19~30</td><td>6~7</td><td>3~4</td><td>3~4</td></tr>
<tr><td>差</td><td>0~5</td><td>0~10</td><td>0~18</td><td>0~5</td><td>0~2</td><td>0~2</td></tr>
<tr><td colspan="2">要素得分</td><td></td><td></td><td></td><td></td><td></td><td></td><td></td></tr>
<tr><td colspan="2">评委意见</td><td colspan="7">评委签字：
年　月</td></tr>
</table>

课后寄语

求职面试开启人生的新阶段，而人生新阶段的开启离不开青年学生的自我奋斗。正如习总书记所说，幸福都是奋斗出来的，奋斗本身就是一种幸福。广大青年只有将青春之我融于奋斗之中，才能做出“昨夜西风凋碧树，独上高楼，望尽天涯路”的价值选择，明确人生目标与方向，扣好“人生的第一粒扣子”，开启幸福人生之旅。

通过此次模拟面试，以期大学生能够从模拟体验中发现自身存在的问题，获得总结经验，掌握面试技巧，提升求职能力。同时能端正求职动机，塑造良好的求职心态，更加准确把握职业定位，有效推动自身求职成功率。

解疑答惑

学生：“我的性格很内向，面试的时候不知道要说什么，我要怎样通过面试呢?”

老师：

一、应聘适合自己发展的工作。与其恶补自己的口才，不如先彻底思考，要应聘的工作到底适不适合自己。每个人都有属于自己的特色，内向的特质在某些工作上是缺点，比如公关类和销售类的工作。但对于某些工作却可能成为优点，所以要寻找适合自己的工作，不然日后违背自己的特性做事，可能会更加痛苦。

二、模拟面试技巧。性格内向的人也不一定就口才不好，但这类求职者在面试的时候容易因为紧张而回答得支支吾吾或不知所云，所以这类求职者可以多上网找些面试问题看看，提前模拟整个面试过程。当出现状况时不要慌张，有很多问题其实没有正确答案，面试官更想知道的是你的想法和理由。

三、用行动说话。对于经验丰富的面试官来说，求职者无意间表现出的小动作才是他们观察的重点。举例来说，提早五分钟到达面试公司，可以显示做事认真的态度；恰当的眼神交流有助于双方建立信任；面试时坐姿笔直稍微前倾，表现出愿意倾听的特质；面试过程中不要摆弄双手。这些行为透露出来的讯息胜过千言万语。

思维导图

求职攻略
1 求职策略
信息先行
错位竞争
务实为本
主动出击
2 笔试准备
备内容
备状态
备方法
备环境
3 面试攻略
深化认知
面试准备
调整状态
了解企业
材料准备
面试过程
跟进面试
4 实践项目训练营——情景面试

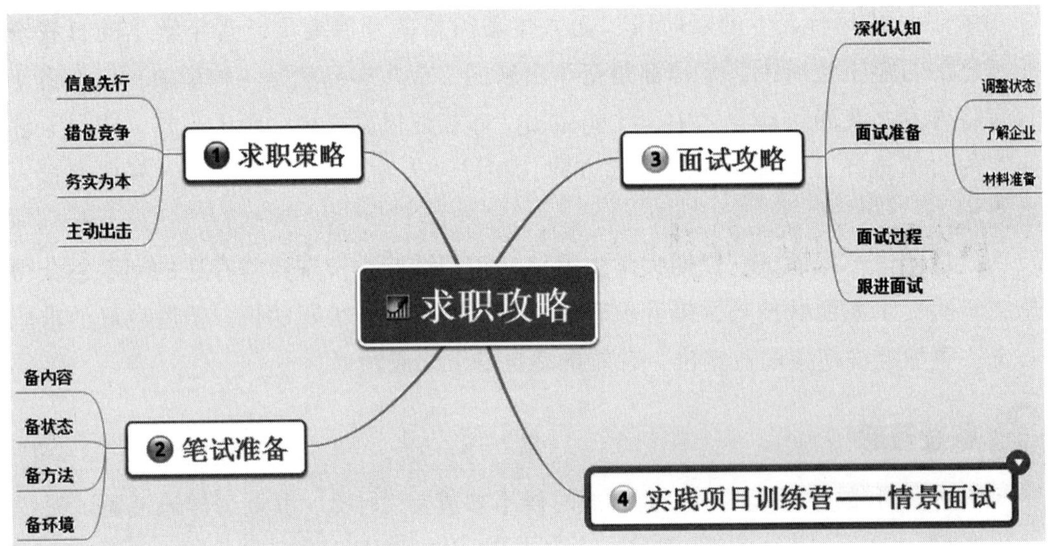

课后测验

下篇　成功步入社会——职场适应篇

大学生在刚刚毕业的时候对未来很迷茫，不知道该怎样适应职场，要以坚韧不拔、百折不挠，“长风破浪会有时”的豪迈、“咬定青山不放松”的坚持，全身心地投入到一项事业中，心无旁骛干工作，全力以赴钻业务，再大的困难也会迎刃而解，平凡岗位也能成就不凡的事业。本篇将从职场权益维护、学生到职业人的角色转换，适应职场的方法和技巧几方面进行讲述，旨在帮助学生顺利走向社会，做好角色转变，完成从校园到社会的华丽转身。

专题六　职场利剑　保驾护航
——求职权益保障

开篇导读

对于即将步入社会的大学生，处处充满着挑战、未知和不可预测，随时都可能遭遇各种各样的侵权行为，比如虚假广告，一些企业在招聘会上夸大或隐瞒自己公司的情况；侵害学生知情权；侵犯隐私等等。只有做到未雨绸缪，掌握就业权益和保障的法律知识，才会在未来的日子里从容地面对任何突如其来的变故。该专题的开展给大学生带来了就业权益保障的“法律盾牌”，不仅使大学生在自身就业权益受损时保护自己，也可以防范用人单位侵害大学毕业生的权益。

■ 目录

- 大学生就业的基本权利和义务
- 就业权益法律保障
- 违约责任与劳动争议
- 社会保险
- 技能提升训练营

■ 学习目标

素质目标：树立法治思维和维权意识，培养法治修养，做尊法学法守法用法的好公民，规避求职陷阱，做新时代的法治信仰者，增强“四个意识”、坚定“四个自信”、做到“两个维护”。

知识目标：熟知大学生就业权益的内涵与分类，了解就业权益法律法规。

能力目标：能够理解大学生就业权益法律保障，提升保护自己合法权益的能力。

■ 思政元素

- 法治思维
- 公平正义
- 诚实守信

第一节 大学生就业基本权利和义务

情景导入

【价值启迪】大学毕业生在就业过程中，注意力往往集中在选择单位、准备面试等方面，而忽视了市场规则、就业制度，对就业中的权利与义务等法律法规不甚了解。作为象牙塔中的学子，大学生一直受到学校、老师和家长的保护，他们面对纷繁复杂的职场，对侵权违法行为的防范意识不足，以至于在就业中不懂得保障个人权利，甚至在权利受到侵犯时，不知道利用法律武器维权。

知识要点

近年来，高校毕业生的人数逐年增加，大学毕业生就业形势日益严峻，在高就业压力下，其权益受侵害的问题日益突出。因此，大学毕业生只有熟悉法律法规和就业政策，正确了解和运用就业权益知识，才能完成从“象牙塔”到社会的完美过渡，才能更好地保护自己的就业权益并履行自己的就业义务。

一、大学生毕业生的就业权利

所谓权利是法律赋予公民作为或不作为的许可、认定及保障，与义务相对应。

根据《宪法》《劳动法》《高等教育法》《普通高校毕业生就业工作暂行规定》等法律、法规和政策的规定，大学生毕业生在就业过程中享有多方面的权利。大学毕业生享有的权利如下。

（一）就业指导权

对于学生而言，学生有权从学校获得就业指导；对于学校而言，学校应该成立专门的就业指导部门，安排专业教师对学生进行就业指导。包括宣传国家关于毕业生就业方面的方针、政策；开设就业指导课程对学生进行就业技巧的指导；引导学生根据社会和个人需求，准确定位，科学合理就业。当然，随着学生就业工作规范化、市场化发展，市场上已经出现专业的就业指导机构，未来学生的就业指导可能会由学校指导转为市场化运营指导。

（二）获取信息权

毕业生就业的前提和基础就是及时获取就业信息，只有充分占有就业信息，毕业生才能根据自身情况寻找适合自己的企业，从而成功就业。信息权包括三个方面的含义：一是信息公开，指的是所有用人信息必须向所有毕业生公开，不允许隐瞒、截留信；二是信息及时，指的是学生获取的信息必须是及时、有效的，不允许将过时的、无效的、无利用价值的信息传递给学生；三是信息全面，指的是学生有权获得准确而全面的就业信息，以便对用人单位进行全面的了解和考查，从而根据个人情况做出合理选择。

（三）被推荐权

学校在就业工作中的一个重要职责就是向用人单位推荐学生，而学生有权获得学校的如实推荐。对于用人单位来说，学校的推荐会很大程度上影响用人单位对学生的取舍。因此，学生了解被推荐权非常必要。被推荐权包括三个方面的内容：一是如实推荐，即学校在对毕业生进行推荐时，应该实事求是，不夸大其词，故意贬低或随意抬高，根据学生的实际情况向用人单位进行推荐；二是公正推荐，即学校在对毕业生进行推荐时应该公正、公平，保证每个学生都有被推荐的机会；三是择

优推荐，即学校在对毕业生进行推荐时，应该根据学生在校期间的日常表现，择优推荐。学生在就业过程中取胜的关键是靠个人综合素质能力，而用人单位录用学生的标准亦是择优录用。

（四）选择权

根据国家有关规定，实行招生并轨改革的毕业生在符合国家就业方针、政策的条件下，享有自主选择用人单位的权利，其他任何单位和个人不得干涉。也就是说，毕业生可以根据自己的兴趣爱好、个人能力去选择自己喜欢的职业。学校、家长可以对学生就业提供建议和意见，但不能将个人意志强加给学生，强迫学生到某单位工作是侵犯学生选择权的行为。

（五）知情权

毕业生在与用人单位签订协议前，有权了解用人单位的基本情况，包括生产经营的情况、工作环境、生活条件、工资待遇等情况，以及用人单位的规模、地点和拟安排工作的岗位等情况。

（六）平等待遇权

用人单位招录毕业生，应坚持公开、公平、公正的原则，如果在招录过程中存在性别、样貌、学历、身高等偏见都是对毕业生平等待遇权的侵犯。《劳动法》第十二条规定："劳动者就业，不因民族、种族、性别、宗教信仰不同而受歧视。"第十三条规定："妇女享有与男子平等的就业权利。"

目前，毕业生的平等待遇权受侵犯的情况仍然普遍存在。女大学生在就业时经常会碰到隐形侵犯平等待遇权的情况，比如很多用人单位虽然不愿意招录女职工，但碍于法律的强制性规定在用人条件中性别一项写明"男女不限"，却在录用职工时以面试不合格或不符合录用条件等理由拒绝录用女大学生。

（七）劳动报酬权

劳动者按照用人单位的要求付出体力或脑力劳动后，就有权获得劳动报酬。劳动报酬既是劳动者及其家人的生活保障，又是劳动者社会价值的体现。劳动报酬包括货币工资、实物报酬、社会保险三种基本类型。

（八）休息休假权

休息休假是指劳动者在国家规定的法定工作时间外自行支配的时间，比如劳动者享有法定节假日休假、年休假、探亲假等权利。休息休假不仅可以恢复体力、缓解疲劳，更可以提高劳动者的工作积极性。假如用人单位安排劳动者在正常工作时间外加班的，用人单位应当支付劳动者的加班工资报酬。

（九）享受社会保险待遇

《劳动法》第七十二条规定："用人单位和劳动者必须依法参加社会保险，缴纳社会保险费。"因此，劳动者入职后，用人单位应当为劳动者缴纳法定的社会保险，但有的用人单位为了节约成本，在劳动者入职 1~2 年后才开始缴纳社会保险，有的甚至在劳动合同中加入免除缴纳社会保险的义务条款，这些行为都是违法的。

（十）违约及求偿权

毕业生就业协议是在用人单位、毕业生、学校三方合意的基础上订立的，任何一方不得擅自毁约或违约。大学生与用人单位签订协议后，如用人单位无故解除合约，毕业生有权要求对方继续履行合同，否则用人单位应对毕业生承担违约责任，支付违约金及补偿金。当然，毕业生违约也同样需要承担违约责任。

1. 解除协议权

根据我国劳动合同法相关规定，劳动者无条件单方解除劳动合同的情形有以下几种：(1) 在试用期内，劳动者在试用期内提前 3 日通知用人单位，可以解除劳动合同;(2) 用人单位以暴力、威胁或非法限制人身自由的手段强迫劳动;(3) 用人单位未按劳动合同的约定支付劳动报酬或提供劳动条件。

2. 申诉权

《劳动法》第七十七条规定："用人单位与劳动者发生劳动争议，当事人可以依法申请调解、仲裁、提起诉讼，也可以协商解决"。也就是说在劳动者的权益受到侵害时，可以依法维权，保障自己的权益不受侵犯。

3. 求偿权

即向违约方要求承担违约责任、获得赔偿的权利。《合同法》第一百一十二条规定："当事人一方不履行合同义务或者履行合同义务不符合约定的，在履行义务或者采取补救措施后，对方还有其他损失的，应当赔偿损失。"第一百二十二条规定："因当事人一方的违约行为，侵害对方人身、财产权益的，受损害方有权选择依照本法要求其承担违约责任或者依照其他法律要求其承担侵权责任。"

课堂讨论

追求理想还是解决温饱

2020 年 9 月 14 日，智联招聘发布《2020 秋季大学生就业报告报告》，其中显示，2020 届毕业生第一份工作平均起薪为 5290 元/月。

华为作为国际通信的龙头企业，在特朗普政府的打压制裁下，华为没有屈服，反而在困难中不断磨练自己，越挫越勇。据内部员工爆料：华为内部有人申请零工资，有人愿降薪上岗。对此你怎么看？

二、大学毕业生的就业义务

（一）服从国家需要的义务

习总书记曾说：“让青春之花绽放在祖国最需要的地方，在实现中国梦的伟大实践中书写别样精彩的人生。”大学生在毕业时有择业自主权，但同时大学生也有服从国家需要的义务。中国梦的实现任重道远，需要几代人长时间的努力。作为青年大学生要从国家的需要、社会的需要出发，到西部等欠发达地区贡献自己的一份力量。

（二）向用人单位如实介绍个人情况的义务

毕业生在向用人单位进行自我推荐时，有义务全面地实事求是地反映个人情况，不得夸大其辞、弄虚作假，妨碍用人单位的遴选。

（三）接受用人单位组织的测试或考核的义务

用人单位为了招聘到符合要求的毕业生，一般都要通过一些测试或考核来了解毕业生的情况，通过比较，做出是否录用的决定。因此，毕业生应予积极配合，充分展现自己的能力，接受用人单位的测试和考核。

（四）严格按照就业协议及其他合法约定履行相应的义务

《合同法》第八条规定：“依法成立的合同，对当事人具有法律约束力。当事人应当按照约定履行自己的义务，不得擅自变更或者解除合同。依法订立的合同，受法律保护。”毕业生应认真履行协议或合同，不得无故擅自变更或自行解除。如果单方违约，必须主动承担违约责任。

求职小贴士：个人信息保护

朋友圈里发布几张照片，可能已经出卖了自己的住址和家庭情况；使用某些移动应用 App 时，或许后台已经在收集你的照片、信息；街边顺手连接免费 WiFi，不到十分钟支付账号、密码就被窃取……

随着大数据时代到来，数据信息在给我们的生活带来便利的同时，个人信息泄露的问题也日渐凸显。“信息裸奔”令人不寒而栗，行走在大数据的社会，个人信息安全值得我们每个人关注。一些企业、机构违法获取、过度使用、非法买卖个人信息等问题突出。作为毕业生如何在求职过程中保护个人信息安全呢？

1. 注意保护自己的私人信息。个人简历中不要将个人的所有联系方式都提供给招聘单位，一般提供手机号码和电子邮件即可，最好不要提供家庭电话。

2. 注意筛查网络招聘信息。对于各种渠道特别是互联网上的招聘信息，一定要慎重核实，不要轻易填写过于详实的个人信息。

3. 注意保护自己的证书原件。应聘过程中需提交相关证件证书等材料，可先提交复印件，尽量不要随意提交证件证书的原件。

4. 注意做好应聘记录。要记录好何时何地向哪家公司投放了简历，何人接受，没有投递过简历的，千万不要与之进行相关交流，平时注意保护自己的私人信息。

此外，遇到自己无法解决的问题，应该及时向学校或公安部门报告。

“希望当代大学生珍惜韶华，把学习成长同党和国家的事业紧紧联系起来、同社会和人民的需要密切结合起来，用青春铺路，让理想延伸。”

——习总书记寄语青年学子

探索思考

求职时，伪造学历入职的法律后果，你知道吗？

第二节 就业权益法律保障

情景导入

请为你的就业权益保驾护航

小张在南昌一家工业园区企业当工人，但并没有和企业签订书面劳动合同。2019 年 1 月，小张突然被辞退，且没有结算工资。小张多次找老板理论未果，因此

只得向有关部门投诉。

劳动监察部门对此事进行了调查，但企业矢口否认小张是其员工，小张也拿不出劳动合同和其他书面证据证明他与该企业存在劳动关系。最后，小张对申诉结果不满意。

【价值启迪】大学生在求职的过程中，会遇到各种各样可能的“陷阱”，求职者应提高警惕，加强自我保护的意识。了解熟知就业过程中存在的违法侵权行为，熟悉相关法律法规，从而使自己在就业时学会用政策法规保护自己，少受不合理的侵犯，成功就业。

知识要点

毕业生在就业过程中享有的就业权益受法律保护，不容任何单位和个人侵犯，但在现实就业时，大学生的就业权益经常受到侵犯，这既损害了大学生的合法权益，也影响了大学生的职业生涯发展。因此，大学生在求职择业时，要熟知法律规定，并懂得运用法律维护个人权益，这样才能顺利就业、愉快工作。

一、求职中常见的侵权行为

体验活动

以小组为单位交流你们了解的大学生在求职过程中的被侵权行为，并说一说如何预防侵权行为的发生。

（一）求职阶段的侵权行为

1. 虚假宣传

一些用人单位在招聘时为了招聘到优秀毕业生，便夸大单位规模、发展前景、工资待遇等情况，隐瞒单位实情，但同时用人单位千方百计了解毕业生的个人情况。这样导致毕业生与用人单位之间信息不对称，毕业生无法获得适合自己的岗位，有可能错失好的就业机会。如果毕业生觉得某单位条件优越，入职前一定要全方面了解企业的相关情况，比如工资情况、福利待遇、员工培养制度等等，避免上当受骗。一些单位在招工时打着月薪过万的旗号吸引应聘者，其实是在几乎没有底薪的情况下领取苛刻的销售提成。管理规范的优秀企业通常不会将奖金、提成当成招聘的噱头 ，只有那些急功近利、员工流动性大的企业才会反其道而行之。广大毕业生应脚踏实地，增强拒诱惑的能力，不要投机取巧，不要相信天上能掉馅饼，避免落入不法分子的圈套。

2. 招聘歧视

近些年在大学生就业过程中出现了不少招聘中的歧视行为，主要表现在以下几方面。

(1) 性别歧视。女性的社会角色决定女大学生在毕业后要承担生育和照顾家庭的重任，但一些用人单位不顾社会责任，片面追求利益最大化，在招聘员工时尽量逃避法律责任，不招聘或少招聘女性员工。

(2) 身体歧视。一些用人单位在不必要的情况下对应聘者的身高、体重、样貌甚至三围都提出要求；也有一些单位在招聘时将身体有残疾或疾病的人拒之门外，剥夺了这群人的就业机会，比如我国法律明确规定不得对乙肝等疾病患者进行歧视，剥夺其就业权利。

(3) 户籍歧视。有的用人单位只招收本地户口的毕业生，对于外地户口的毕业生要么拒之门外，要么抬高入职要求，严重侵犯了毕业生的平等就业权。毕业生在求职时碰到这样的情况，要勇于站出来谴责这样的侵权行为，维护自己的权益。

(4) 学历歧视。用人单位在招聘时喜欢录用高学历毕业生，盲目认为学历就是能力的象征，而不是从岗位的实际需求出发。有些岗位专科生就可以胜任，用人单位却只要本科生；有些岗位本科生就可以胜任，用人单位却非研究生不要。

3. 违规收费

《中华人民共和国劳动合同法》第九条规定："用人单位招用劳动者，不得扣押劳动者的居民身份证和其他证件，不得要求劳动者提供担保或者以其他名义向劳动者收取财物。"也就是说，用人单位招工时不得以任何理由或借口向应聘者收费。但现实中，有些用人单位却对此置若罔闻，巧立名目向应聘者收费。而另一方面毕业生们迫于找工作的压力往往只得就范。因此毕业生在求职时要有法律意识，对于用人单位的违法收费行为要坚决抵制。

4. 侵犯隐私

毕业生在求职时，会在求职网站或材料上留下自己的信息资料，比如姓名、出生年月、身高、学历、电话、身份证号、婚姻情况等，这些信息属于个人隐私的一部分，未经本人同意不得公开、泄漏或出售。但可能因为各种原因，如工作人员的疏漏、网络软件的缺陷、不法分子的圈套等，这些信息被用来侵害当事人或谋求商业利益。因此，毕业生求职时不要随便将个人资料留给不可靠的单位和个人，投放网络时要选择安全防范能力强和可靠性高的网站，同时注意保密设置内容的选项。在面试时，一些用人单位的提问会涉及个人隐私，比如："你是否有男（女）朋友？""假如客户对你进行骚扰，你怎么办？"，等等。如果与工作无关或者出于恶意，毕业生有权拒绝回答。用人单位因此获得毕业生的个人隐私后，负有保密的义务，否则构成侵权。

资料链接：用人单位招聘时虚假宣传行为的法律责任是什么？

《反不正当竞争法》第二十四条第二款规定：“广告经营者，在明知或者应知的情况下，代理、设计、制作、发布虚假广告的，监督管理部门应当责令停止违法行为，没收违法所得，并依法处以罚款。”

《广告法》第三十七条规定：“违反本法规定，利用广告对商品或者服务作虚假宣传的，由广告监督管理机关责令广告主停止发布，并以等额广告费用在相应范围内公开更正消除影响，并处广告费用 1 倍以上 5 倍以下罚款，情节严重，依法停止其广告业务，构成犯罪的，依法追究刑事责任。”

一些单位在发布招聘信息的时候，为了招到条件比较好的毕业生，会夸大或隐瞒自己的某些真实情况。比如：在发布招聘信息时，往往故意扩大用人单位规模和岗位数量，进行虚假宣传；或者把招聘职位写得冠冕堂皇，不是“经理”就是“总监”，但实际上却只是“办事员”“业务员”，根本没有广告上写的那么诱人。另外在薪酬方面把每月工资写到很高的，在面试的时候一定要问清楚，一般这样的职位薪酬都会存在“底工资”的说法。

——资料来源：找法网

（二）试用期阶段的侵权行为

1. 试用期过长

很多人以为试用期长短由公司决定，自己只能听从公司的安排。其实，我国《劳动合同法》中对试用期做了明确的规定，试用期的长短是由劳动合同的长短来决定，并不是一成不变的。《劳动合同法》第十九条规定：“劳动合同期限三个月以上不满一年的，试用期不得超过一个月；劳动合同期限一年以上不满三年的，试用期不得超过两个月；三年以上固定期限和无固定期限的劳动合同，试用期不得超过 6 个月；以完成一定工作任务为期限的劳动合同或者劳动合同期限不满三个月的，不得约定试用期。”

因此，根据法律规定，试用期最长不得超过 6 个月。如果试用期超过 6 个月，那么就是侵犯毕业生权益的行为。

2. 试用期不签订劳动合同，而单独签订试用期合同

有些单位为规避法律，降低用人成本，打着“试用期”的幌子，招聘一些应届生，并且只与劳动者签订试用期合同，如果员工通过试用期，才会签订正式劳动合同。劳动法明确规定，只约定试用期的劳动合同不成立。劳动合同法规定，用人单

位自与劳动者建立劳动关系之日起一个月内必须与劳动者签订劳动合同。通常意义上，劳动合同中是要包含试用期的，如果签订的合同中仅约定试用期，试用期是不成立的，可以将约定的试用期约定的期限视为劳动合同的期限。例如，某公司要求员工签订试用期合同为 3 个月，我们就可以认定该劳动合同的期限为 3 个月。

3. 试用期工资过低

过低的试用期工资不但侵犯了劳动者的权益，也违反了《劳动合同法》中对试用期工资的规定。对于试用期工资标准，《劳动合同法》中有明确的条款：试用期的工资，不得低于本单位相同岗位最低档工资或者劳动合同约定工资的百分之八十，并不得低于用人单位所在地的最低工资标准。因此，如果毕业生在试用期期间工资过低，那么可以要求用人单位提高工资待遇，否则用人单位构成侵权，毕业生可向劳动监察部门举报。

4. 试用期福利待遇低人一等

员工福利分为两类，一类是法定福利，如社会保障、带薪年休假；一类是非法定福利，如奖励旅游、节日补贴。对于法定福利，如社会保障、带薪年休假、最低工资标准、同工同酬等，单位必须给予，并且和正式员工的一致，若不同于正式员工的，是不合法的；非法定福利，如奖励旅游、节日补贴，看单位的规章制度或者劳动合同，如果单位规定或者合同约定不同于正式员工的，也属于合法的。

职场小故事：试用期不交社保，因小失大

2018 年 1 月，刘某应聘至济南某酒店做面点师，双方签订了为期 3 年的劳动合同，约定试用期为 1 个月。酒店考虑到员工的流动性大，一开始不为刘某办理社会保险，但多发 300 元工资，试用期过后再入保险，刘某同意。谁料才工作了 20 天，刘某就在面点加工中左手臂被和面机严重绞伤。事后，刘某要求该酒店对他按工伤处理，承担他的全部医疗费、护理费、交通费等费用。而该酒店经理认为双方商定不办理保险，应由刘某自己承担工伤费用。刘某向当地劳动人事争议仲裁委员会提出仲裁申请，要求公司支付各项工伤待遇 187900 元。最后，仲裁委支持了刘某的主张。

用人单位自用工之日起即与劳动者建立劳动关系。试用期同样享受保险待遇，就应当根据社会保险规定的缴纳比例为劳动者缴纳法定的各种社会保险。有的用人单位为了节约成本，多不给劳动者上社会保险，甚至在劳动合同中加入免除缴纳社会保险的义务条款，这些行为是违法的。也有的劳动者为了贪图便宜，不需要单位为其缴纳社保，导致在维权过程中遭遇困难。建议员工在入职后，要求缴纳社会保险待遇。

（三）合同签订阶段的侵权行为

1. 不签劳动合同

用人单位在录用员工后之所以不愿意立马签订劳动合同，原因有二：一是不交保险，可以节约公司开支。根据劳动合同法规定，员工入职后，公司必须为员工缴纳保险。但有些企业老板认为需要考察员工是否能胜任岗位再为其缴纳保险，所以本着能省则省的原则，采取拖延签合同的方法节约成本。二是开除员工，可以不对员工进行解雇赔偿。一般签订劳动合同后，如果用人单位无故辞退劳动者的，应当向劳动者支付经济赔偿金，按照工作年限，每满一年支付2个月的工资，不满6个月的支付1个月的工资作为赔偿。如果用人单位拒绝支付赔偿金的，劳动者可以通过申请劳动仲裁来维护自己的合法权益。

2. 加班不给加班费

据调查显示，“加班不给加班费”成为毕业生在入职后遭遇最多的侵权行为。在职场，用人单位希望员工多加班，多干活，最好还不要支付加班费。而员工都希望能准点上班，准点下班，还能拿到高工资。立场不同，利益出发点不同，必然会引发冲突。不过，现实中员工为了能在企业顺利发展，都会选择忍气吞声。

当然，要求用人单位支付加班工资的前提是“用人单位根据实际需要安排员工在法定标准工作时间以外工作”，即由用人单位安排加班的，用人单位才应支付加班工资。如果员工的工作既不是用人单位的要求，也没有用人单位认可的加班记录，而是自愿加班的情况，则不属于加班，用人单位无须支付加班费。但是，如果用人单位对员工的加班予以追认的话，就是单位安排的加班，应该支付相应的加班工资。

3. 同工不同酬

大学生刚步入社会，容易受到用人单位的歧视，出现用人单位故意克扣劳动者工资，或是变相要求劳动者支付某些费用等情况。根据《中华人民共和国劳动法》第四十六条：“工资分配应当遵循按劳分配原则，实行同工同酬”。因此，如果用人单位存在同工不同酬的情况，那么劳动者应该要求用人单位补发工资或是调至相同的工资标准。

当然，大学生在求职时将面临各种招聘单位，并有可能与起媒介和中介作用的人和机构打交道，社会复杂，难免鱼目混珠，众多的机会中有时也会潜入别有用心的不当企图甚至骗局和陷阱，为帮助涉世未深的大学生擦亮慧眼辨别真假，提高警惕避免上当，下面介绍一些求职过程中常见的侵权违法行为，希望学生们能引以为戒。

资料链接：关于加班费的计算标准

《劳动法》第四十四条规定，有下列情形之一的，用人单位应当按照下列标准支付高于劳动者正常工作时间工资的工资报酬：

（一）安排劳动者延长工作时间的，支付不低于工资的百分之一百五十的工资报酬；

（二）休息日安排劳动者工作又不能安排补休的，支付不低于工资的百分之二百的工资报酬；

（三）法定休假日安排劳动者工作的，支付不低于工资的百分之三百的工资报酬。

按照《劳动法》第五十一条的规定，法定节假日用人单位应当依法支付工资，即折算日工资、小时工资时不剔除国家规定的11天法定节假日。据此，日工资、小时工资的折算为：日工资：月工资收入÷月计薪天数；小时工资：月工资收入÷（月计薪天数×8小时）；月计薪天数=（365天−104天）÷12月=21.75天。

因此，节假日加班三薪（月工资收入÷21.75×300%）、公休日加班双薪（月工资收入÷21.75×200%）

以春节长假七天加班为例，前三天是法定节假日（即除夕、春节、初二）拿三薪，每天加班费为（月工资÷21.75×300%），后四天是双休日调休（即初三至初六）拿双薪，每天加班费为（月工资÷21.75×200%）。即春节长假七天总加班费=月工资收入÷21.75×300%×3+月工资收入÷21.75×200%×4。

二、毕业生就业权益的法律保障

近年来，大学生权益受侵犯的现象越来越多，很多毕业生因为不懂法律而权益受损。毕业生作为介于学生和社会人中间的过渡人群，熟悉并掌握国家的法律法规，增强法律意识，对顺利择业、就业非常重要。

（一）毕业生就业协议书

《毕业生就业协议书》，是指毕业生、用人单位、学校三者之间权利和义务的书面表现形式。协议书也是学校派遣毕业生的依据，在学生毕业离校前，学校将根据协议书的内容开具毕业生就业报到证和户口迁移证，同时转递学生档案。如果毕业生未签定就业协议书，学校将把其关系和档案转递回原籍。

1.《毕业生就业协议书》的主要内容

全国普通高等学校毕业生就业协议书，也简称为三方协议，是毕业生、用人单

位和学校三方之间就学生就业方向签订的一种协议，由三方共同签订后生效。其内容包括以下五个部分：(1) 用人单位的情况；(2) 毕业生的情况；(3) 学校意见；(4) 各方的责任及义务；(5) 其他条款。

2.《毕业生就业协议书》的签订流程

一般来说，《毕业生就业协议书》的签订流程：

(1) 毕业生和用人单位在供需见面、双向选择的基础上确定用人意向；

(2) 毕业生填写本人基本情况并签名；

(3) 在双方在场情况下填写协议内容；

(4) 接收单位及主管部门填写基本情况并盖章或接收单位及人事代理部门签署意见并盖章；

(5) 毕业生拿协议书回所在系盖章；

(6) 交院毕业生就业指导中心鉴署意见并盖章（交签证费）；

(7) 院毕业生就业指导中心将就业协议书送省教育主管部门签证、缴费并盖章；

(8) 院毕业生就业指导中心将协议书单位联和毕业生自存联返还单位和毕业生；

(9) 编制就业计划；

(10) 发放报到证。

3. 就业协议的签订

当毕业生与用人单位在协商基础上达成一致意见后，双方便签订就业协议，此即为签约。毕业生在签订就业协议书时，要注意以下几个问题。

(1) 要全面了解和掌握国家就业政策和规定及用人单位的有关情况

毕业生在择业签约前，首先要全面了解和掌握国家关于高等学校毕业生的就业政策和规定。高校毕业生就业政策和规定是指导和规范毕业生求职活动的行为准则，是保证毕业生顺利就业的行政依据。毕业生应当认真学习和领会国家有关就业方面的方针政策，用以规范自己的择业行为，以免因政策不明而导致择业失误。同时，要认真了解用人单位是否具备合法的主体资格，以及用人单位对毕业生的基本要求，分析自己是否可以胜任这份工作，以及这份工作是否有利于自己才能的发挥和发展，还要了解用人单位的劳动用工政策等。

(2) 认真审查协议书的内容

协议书的内容是整个协议书的关键部分，毕业生一定要认真审查。首先审查协议内容是否合法，是否符合国家相关法律和政策；其次审查双方的权利和义务是否合理；第三要审查清楚除主协议外是否有附件（即补充协议），并审查清楚其内容，如果确有必要对协议书条款进行变更或增加，毕业生可以和用人单位协商，就原协议书中未能体现的具体权利和义务用补充协议形式表达出来，在协议书的“增补栏”中加以确定，涉及的内容一定要具体、明确，不会产生歧义；如无附加条款，应当将协议书中空白部分划去，或注明“以下空白”。必须指出，补充协议书和主协议书具有同等法律效力。

(3) 注意与劳动合同的衔接

由于毕业生就业协议签订在先，为免在日后订立劳动合同时产生纠纷，应尽可能将劳动合同的主要内容体现在就业协议的约定条款中，否则双方日后就劳动合同有关内容达不成一致意见且事先无约定时，若毕业生表示不愿在该单位工作，用人单位反过来要毕业生承担违反就业协议的责任。因而毕业生在就业过程中应就劳动报酬、试用期、住房、服务期限等劳动合同的主要条款与用人单位事先协商，同时体现在就业协议中，并将协议结果书面化，而不应只作口头的约定。

(4) 对就业协议的解除条件应事先约定

毕业生就业协议一经订立，就对当事人具有约束力，双方不得随意解除，否则应承担相应的违约责任，毕业生如对用人单位情况不是很了解或感到不完全如意，却又担心一旦放弃后落实就业单位可能更困难，或本人打算考研或准备出国，在这种情况下，毕业生可与用人单位在就业协议中就解除条件作约定。约定就业协议的解除条款一旦完成，毕业生可依约解除协议，而无需承担违约责任，避免产生经济损失或其他争议。

(5) 违约责任要明确

违约责任是指协议当事人因过错而不履行或不完全履行协议规定的义务时所应承担的法律责任，它是保证协议履行的有效手段。鉴于现实中毕业生及用人单位违约率有所增加的状况，协议书中违约条款就显得更为重要。因此，在协议内容中，应详细表述当事人双方的违约情形及违约后应负的责任，同时还应写明当事人违约后通过何种方式、何种途径来承担责任。这样，才能更有利于当事人双方履行协仪，也有利于以后违约纠纷的解决。

4. 就业协议的解除

就业协议的解除即解约，是指在就业协议期限届满之前由毕业生和用人单位提前终止就业协议的法律效力，解除双方的权利义务关系的法律行为。就业协议的解除分为单方解除和双方解除。

单方解除，包括单方擅自解除和单方依法或依协议约定解除。单方擅自解除协议属违法行为，解约方应按就业协议约定，对另一方承担违约责任。单方依法或依协议约定解除，是指一方解除就业协议有法律上或协议上的依据。如大学生未取得毕业资格，用人单位有权单方解除就业协议；毕业生考取研究生后，可按约定解除就业协议。此类单方解除，解除方无需对另一方承担违约责任，属于法律或协议允许范围内。

双方解除是毕业生、用人单位双方经协商一致，取消原订立的就业协议，使协议不发生法律效力。此类解除是双方当事人真实意思表示的体现，双方均不承担法

律责任。解除就业协议应签署解约的相关文件。在解约、违约手续完备后，毕业生才可以重新就业。毕业生在与新的用人单位达成就业意向后，可先拿着用人单位的接收函以及解约、违约手续的完备材料到学校就业工作管理部门领取就业协议书，再重新按照程序签订就业协议。

资料链接

山东省毕业生就业协议书

山东省高等（中专）学校毕业生就业协议书								
						编号：		
毕业生 甲方	姓名		性别		出生年月		民族	
	政治面貌				培养方式		健康状况	
	专业				学制		学历	
	生源所在地					联系电话		
	毕业院校					院校联系电话		
用人单位 乙方	单位名称							
	单位所在地							
	上级主管部门							
	联系人				联系电话			
	通讯地址							
	联系人		联系电话				邮政编码	
	档案转寄详细地址							

按照国家和省毕业生就业政策，为明确毕业生、用人单位在毕业生就业中的权利和义务，经协商，达成如下协议：

一、 甲方已如实向乙方介绍自己的情况，通过对乙方了解愿意到乙方就业，服从乙方安排。

二、 乙方已如实向甲方介绍本单位情况以及工作岗位和待遇，通过对甲方了解、考核，同意接收甲方，并负责按有关规定为甲方办理落户等接收手续。

三、 甲方在毕业前由学校负责安排体检，不合格者不派遣。若乙方对甲方身体条件有特殊要求，应在签订本协议前对甲方进行单独体检，否则以学校体检为准。

四、 甲、乙双方应严格履行本协议，若一方提出变更或终止协议，须征得另一方和学校的同意，并按有关规定履行解约手续，由违约方承担相应责任。未经协商，单方面不得变更或终止协议。

五、 甲方因国家有特殊需要抽调，经与乙方协商，由学校报省毕业生就业主管部门同意，本协议自动终止。

六、 本协议书一式四份，签字、盖章后由毕业生或用人单位持签订好的协议书到鉴证机关鉴证，甲、乙双方需各执一份，鉴证机关和学校各留存一份备案。

七、 补充条款：______________________________

甲方	乙方	
签字 年 月 日	盖章 年 月 日	乙方上级主管部门或人事代理部门 盖章 年 月 日

（二）劳动合同

劳动合同，是指劳动者与用人单位之间确立劳动关系，明确双方权利和义务的协议。

1. 劳动合同与就业协议的异同

就业协议与劳动合同均为用人单位与劳动者确立劳动关系的协议，就业协议可视为准劳动合同，是劳动合同的一种特殊表现形式。它们的区别表现在以下方面。

首先是两者的主体不同。就业协议专指大学毕业生与用人单位签订的就业工作协议；劳动合同是指劳动者与用人单位确立劳动关系、明确双方权利与义务的协议，这些劳动者既可以是高校毕业生，也可以是其他人。

其次是两者的内容不同。就业协议是大学毕业生与用人单位签订的初次工作协议，其主要意义在于将毕业生与用人单位双方互相选择的关系确定下来，一般并没有详细规定双方具体的权利与义务。而劳动合同则指用人单位在与劳动者确定工作关系之后签订的关于双方权利与义务的协议。因此，大学毕业生与用人单位签订了就业协议不能等同于签订了劳动合同，还必须签订劳动合同，以保护自己的合法权益。目前的实际情况是，通常毕业生到单位工作后，双方才签订劳动合同。

最后是两者发生问题处理的部门不同。在毕业生就业协议发生问题需要处理时，一般首先由毕业生和用人单位进行协商，如果取得一致意见，则报送毕业生所属的学校主管部门，由学校主管部门审查认可后予以调整。若劳动合同发生问题，则毕业生和用人单位需要向劳动争议调解委员会或劳动仲裁机构报送，请求处理。还可以根据《劳动法》处理劳动纠纷。

2. 劳动合同的主要内容

劳动合同的内容，是指双方当事人在劳动合同中必须明确各自的权利、义务及其他问题。劳动合同内容是劳动关系的实质，也是劳动合同成立和发生法律效力的核心问题。根据《劳动合同法》第 17 条的规定劳动合同必须具备以下条款：

第一，用人单位的名称、住所、法定代表人或者是主要负责人的姓名。

第二，劳动者的姓名、住址、居民身份证或者其他有效身份证件号码。

第三，劳动合同的期限。合同期限主要分为固定期限、无固定期限以及完成一定工作任务为期限，如果是临时性工作的人，劳动合同中必须得到明确。如果没有明确期限应该视为无固定期限。

第四，工作内容和工作地点。工作内容应该体现在劳动合同中，比如从事的岗位，具体负责内容。工作地点也很重要，劳动合同中必须规定劳动地点，否则很容易产生纠纷。比如，合同中约定了工作地点在北京，有一天单位要把员工调到深圳，员工可以不接受，因为合同中已经约定好工作地点，企业单方面变更了员工的工作地点属于用人单位违约。

第五，工作时间还有休息休假。我国目前主要有三种工作时间制度，一是标准工作时间制度：即每天工作8小时，平均每周工作不超过44小时，并保证劳动者每周至少休息1日；二是不定时工作时间制度：即没有固定工作时间限制，原则保证劳动者每周至少休息1日；三是综合计算工作时间制度：即以月、季、年等为周期，综合计算工作时间，但其平均日工作时间和平均周工作时间应与法定标准工作时间基本相同。企业除执行标准工作时间制度外，其他工作时间制度均需要报劳动保障部门审批，没有审批的视为无效。

第六，劳动报酬。这对于每个劳动者都是非常重要的也是比较关心的，劳动报酬应该明确的写在劳动合同中。而且也需要明确加班费的计算基数、奖金、津贴、补贴的数额以及支付时间、支付方式等等。

第七，社会保险。国家规定用人单位必须为员工缴纳社会保险，即是我们通常说的五险，其中包括养老保险、失业保险、医疗保险、工伤保险、生育保险。

第八，劳动保护、劳动条件和职业危害防护。劳动保护对从事普通工作者不显得十分重要，但是有些特殊行业，比如有毒有害、高温高压这些行业，从事像机械类的、海上作业、航空等比较危险的职业，这一点尤为重要。

第九，法律、法规规定的应当纳入劳动合同的其他事项。

资料链接

劳动合同范本

甲方（用人单位）：________________________

乙方（劳动者）：________________________

性别：________________________

身份证号：________________________

根据《劳动法》《xx省劳动合同条例》，经双方平等协商，自愿签订本合同。

一、甲方义务

（一）遵守国家及省、市的法律、法规和政策，保障乙方的合法权益；

（二）按时足额为乙方缴纳社会保险费；

（三）按时支付乙方的工资，不得克扣和无故拖欠；

（四）为乙方提供符合国家规定的劳动安全卫生条件和必要的劳动防护用品；

（五）依法对女职工和未成年工实行特殊保护；

（六）依法支持乙方参加合法的社会活动；

（七）保证乙方依法享受国家规定的有关休假待遇；

（八）乙方因工或非因工死亡，按国家规定支付丧葬费、抚恤费等；

（九）乙方因工负伤或患职业病，按国家有关规定办理。

二、乙方义务

（一）遵守国家及省、市的法律、法规和政策，维护甲方的合法权益；

（二）遵守甲方不违反法律、法规的规章制度，服从甲方的领导、教育和工作安排；

（三）认真履行岗位职责，严格遵守安全操作规程，完成甲方规定的生产（工作）数量、质量指标（要求）；

（四）自愿委托甲方代为扣缴国家规定本人应缴纳的社会保险费；

（五）在本合同期内，保守甲方的商业秘密。

三、本合同期限、工时制度、工作内容、工资给付

（一）本合同期限选用_____：A（固定期限）；B（无固定期限）；C（以完成一定的工作为期限）。

A：本合同自______年_____月_____日起生效，至______年_____月_____日终止。其中生效后的前_____个月为试用期。

B：本合同自_____年_____月_____日起生效，至下列条件出现时终止，其中生效后的前______个月为试用期。

C：本合同自_____年_____月_____日起生效，至________工作（任务）完成日终止，其中生效后的前_____个月为试用期。

（二）本合同期内工时制度采用_____：A（定时工作制）；B（不定时工作制）；C（综合计算工时工作制）。

A.乙方每天为甲方工作不超过8小时，平均每周工作不超过40小时，每周至少休息1天。甲方因生产经营需要，经与工会和乙方协商后可适当安排乙方延长工作时间或在休息日、法定节假日加班。但延长工作时间每日不得超过3小时，每月不得超过36小时。

B.不定时工作制（按劳动保障行政部门批准的办法执行）。

C.综合计算工时工作制（按劳动保障行政部门批准的办法执行）。

（三）工作内容：乙方同意甲方安排其从事______________工作。

（四）工资给付：

1.甲方以法定货币至少每月支付一次乙方工资。乙方提供了正常劳动的，甲方支付给乙方的工资不低于当地最低工资标准。甲方可根据其生产经营效益状况和职工生活费用价格指数变动情况，适时调整乙方工资。

2.非因乙方原因造成停工、停产在一个工资支付周期内的，甲方应支付乙方的正常工资；停工超过一个工资支付周期的，甲方每月按__________标准发给生活费。

3.加班工资：

（1）甲方安排乙方延长工作时间，须按乙方小时工资标准150%支付工资；

（2）甲方安排乙方在休息日工作又不能安排补休的，须按乙方日工资标准的200%支付工资；

(3) 甲方安排乙方在国家法定节假日工作，须按乙方日工资标准的300%支付工资。

四、劳动合同的终止、解除和续订

(一) 经甲乙双方协商一致，本合同可以解除。

(二) 乙方有下列情形之一的，甲方可以解除本合同 (后四项甲方应提前30日以书面形式通知乙方)：

1.在试用期间被证明不符合录用条件的；

2.严重违反劳动纪律或甲方规章制度的；

3.严重失职，营私舞弊，对甲方利益造成重大损害的；

4.被依法追究刑事责任及劳动教养的；

5.乙方患病或非因工负伤，医疗期满后不能从事原工作也不能从事由甲方另行安排的工作的；

6.乙方不能胜任工作，经甲方培训或者调整工作岗位，仍不能胜任工作的；

7.本合同订立时所依据的客观情况发生重大变化，致使本合同无法履行，甲、乙双方协商不能就变更本合同内容达成协议的；

8.甲方濒临破产进行法定整顿期间或生产经营状况发生严重困难，经报劳动保障行政部门确需裁减人员的。

(三) 乙方有下列情形之一，又不存在上款第2、3、4项情况的，甲方不得解除本合同：

1.患职业病或者因工负伤并被确认丧失或者部分丧失劳动能力的；

2.患病或者负伤，在规定的医疗期内的；

3.女职工在孕期、产期、哺乳期内的；

4.法律、法规、规章规定的其他情形。

(四) 有下列情形之一的，乙方可随时通知甲方解除本合同。

1.在试用期内的；

2.甲方以暴力、威胁或以非法限制人身自由的手段强迫乙方劳动的；

3.甲方不按本合同第三条第 (四) 款第1项约定支付工资的或经有关部门鉴定甲方未履行本合同第一条第 (四) 款义务的；

4.甲方强迫乙方集资、入股或者缴纳风险抵押性财物的；

5.甲方拒绝依法为乙方缴纳社会保险费的；

6.甲方低于当地人民政府规定的最低工资标准支付乙方工资报酬的。

(五) 除上款外，乙方提出解除本合同应当提前三十日以书面形式与甲方协商。

(六) 经协商一致同意续订劳动合同的，双方应在本合同期满前办理续订手续。

五、解除劳动合同的有关补偿

(一) 甲方因本合同第四条第 (一) 款、第 (二) 款的第6项解除合同的，甲方按乙方在本单位工作年限每满1年（不满1年的按1年计，下同）发给相当于1个月工资的经济补偿金，但最多不超过12个月。

（二）甲方根据本合同第四条第（二）款的第7、8项，乙方根据本合同第四条第（四）款的2、3项解除合同的以及甲方被撤销或者解散与乙方解除合同的，甲方按乙方在本单位工作年限每满1年发给相当于1个月工资的经济补偿金。

（三）甲方根据本合同第四条第（二）款第5项解除合同的，甲方除应按乙方在本单位工作年限每满1年发给相当于1个月工资的经济补偿金外，再发给乙方不低于6个月工资的医疗补助费。如乙方属患重病或绝症的，甲方还须分别按照乙方应享受的医疗补助费的50%或100%增发医疗补助费。以上各款所称月工资，是指甲方正常生产经营情况下乙方解除合同前12个月的平均工资，乙方月平均工资低于甲方月平均工资的，按甲方月平均工资标准计算。

六、医疗期及待遇

（一）乙方患病或非因工负伤，甲方应按国家规定给予医疗期。

（二）乙方在医疗期内停工医疗累计不超过180天的，甲方发给乙方工资70%的病假工资；超过180天的，发给乙方工资60%的疾病救济费。医疗待遇按照有关规定执行。

（三）乙方因故意自伤、打架斗殴、参与违法犯罪活动而致伤致病的，在医疗期间，甲方可停发乙方的工资和各种津贴、补贴。医疗费由乙方自理。

七、违约责任及其他约定事项

在本合同期间，任何一方违反本合同规定给对方造成经济损失的，应承担赔（补）偿责任。

（一）甲方克扣或者无故拖欠乙方工资以及拒不支付乙方加班工资的，除全额支付乙方工资报酬外，还须加发相当于工资报酬25%的经济补偿金。

（二）甲方支付乙方工资报酬低于当地最低工资标准的，除补足低于标准部分外，还应给乙方加发相当于补足部分25%的经济补偿金。

（三）甲方违反本合同第五条规定，除全额发给乙方经济补偿金外，还须加发该经济补偿金数额50%的额外经济补偿金。

（四）乙方为甲方出资培训、招聘的，尚未达到双方约定的服务期而解除本合同的，应按有关规定或约定赔偿甲方为其实际支出的培训费用。

（五）双方约定：________________________________。

八、附则

（一）本合同一式二份，甲乙双方各执一份。

（二）甲乙双方因履行本合同发生争议，可在争议发生之日起60日内到有管辖权的劳动争议仲裁委员会申请仲裁。

（三）本合同内容与国家规定不一致或本合同未尽事宜，按国家及省的相关规

定执行。

(提示：合同双方应在了解本合同内容后，再决定是否签名。一经签订，须严格履行。本合同的乙方必须由本人签名，不得代签；甲方必须加盖法人印章并由法定代表人或其委托代理人签名盖章)

甲方____________________(盖章)

乙方____________________(签名)

签订时间：______年______月______日

——资料来源：猎头网

体验活动

以小组为单位，说一说劳动合同与毕业生就业协议的异同点。

三、增强防范与自我保护意识

毕业生就业权益的保护是一个系统工程，需要各方共同的努力，除了法律层面和制度层面的保护之外，加强对于毕业生就业权益自我保护的指导和教育尤为重要。毕业生要能真正有效地做到就业权益的自我保护，必须牢固树立以下“五种意识”。

(一) 法律意识

首先，毕业生必须了解与就业相关的法律法规、政策制度，了解劳动用工的相关规定，在学习《劳动法》《劳动合同法》等法律、法规的过程中，逐步培养成一种用法律进行思维的意识，即法律意识，进而能在这种意识的指导下，真正做到懂法、守法、用法。

其次，法律意识要求毕业生在求职过程中，运用法律的思维来思考碰到的一些问题，明白法律对劳动者权益的保护有哪些，在就业权益受到侵犯时，能够运用法律手段维权。只有有了这种意识，才能认识到行为的性质以及法律后果，才有了进行自我保护的前提。

(二) 契约意识

契约意识在就业过程中主要体现在两个方面，一是要求毕业生充分重视和深刻理解就业协议的重要性，要有通过就业协议来保护自己合法权益的意识，二是就业协议一旦签订即具有法律效力，必须具有严格遵守、履行就业协议内容的意识。

因此，协议既是对毕业生权益的保护也是对毕业生权益的约束。这就要求毕业生在签约时要谨慎签约、积极履约。协议一旦订立，毕业生、用人单位双方都必须遵守，任何一方不得无故毁约、违约等，否则将受到经济和法律的制裁。

（三）维权意识

毕业生自己的合法就业权益受到了侵害，是积极运用法律手段或者其他方法来进行救济以维护自己的合法权益呢，还是息事宁人、当作什么事都没发生过？

具有强烈的维权意识，在碰到问题时能够拿起法律的武器积极主张权利，是毕业生走出权益自我保护的实质性的一步。毕业生只有养成了维权意识，才能够平等地与用人单位对话，据理力争，切实保障自己的合法权益。维权的途径主要有：学校出面调解，向劳动监察部门申诉、举报，向劳动仲裁机构申请仲裁，向人民法院提起诉讼等。

（四）证据意识

法律是用证据说话的，毕业生在就业过程中应“多留一个心眼”，牢固树立证据意识。证据意识的培养主要体现在三个方面：一是收集证据的意识，要求毕业生在就业时要有意识地让对方出示或者提供相关资料，来佐证一定的事实，如要求公司出示营业执照、要求对方出示表明身份的证件等；二是保存证据的意识，要求毕业生注意保存现有的证据，以便将来在仲裁或诉讼时支持自己的观点，如要注意保存单位在招聘时的海报，与单位往来的传真、邮件等；三是运用证据的意识，毕业生要有用证据证明案件事实的意识，知道什么样的事实需要什么样的证据证明，知道一定事实的举证责任是在对方还是己方，等等。

（五）诚信意识

毕业生诚信意识的培养主要包括两个方面，一是毕业生自己在求职过程中必须如实向用人单位介绍自己的情况，要实事求是。如果毕业生故意隐瞒自身情况、欺骗单位，可能导致就业协议无效，并要承担缔约过失责任；更为重要的一点是要能够意识到用人单位是不是诚信，比如意识到单位介绍的情况是不是真实、其招聘的真实目的是什么，等等。

目前毕业生在就业过程中处于弱势地位，一些用人单位无视求职者的利益，甚至用欺骗的手段使毕业生就业陷入困境。如一些企业参加招聘会“醉翁之意不在酒”，有的是为做广告，有的是借机招聘廉价劳动力。因此，毕业生必须提高个人的诚信意识，不仅做到自己诚信而且还要辨别用人单位是否诚信，否则可能遭遇权益被侵害的情况。

求职小贴士：维护自己的正当权益，请拿起法律利剑

劳动合同是证明劳动者与用人单位存在劳动关系最直接、最有效的证据。但事实上，仍有不少用人单位不与劳动者签订劳动合同，妄图通过此举来逃避法律责任。更有部分企业与劳动者签订了劳动合同，但是却不把合同书交给劳动者留存，而是公司人事部门统一保管。在没有签订劳动合

同或者虽然签订劳动合同，而劳动者本人却没有合同书文本的情况下，很多公司会否定劳动关系的存在，给劳动者维权无力增加了一大难题，如何收集证据证明劳动关系的存在？

1. 搜集工资卡、工资存折、工资条或其他工资发放记录（最好有单位盖章）、职工花名册。

2. 如用人单位有为劳动者购买社保，劳动者可以到社保局网站上，或到社保局打印自己的各项社会保险费的记录。

3. 搜集用人单位向劳动者发放的“工作证”“服务证”“上岗证”“外派证”等能够证明职务职位身份的证件（最好有单位盖章）。

4. 搜集劳动者填写的用人单位招工招聘“登记表”“报名表”等招用记录。

5. 搜集用人单位的考勤记录（考勤表、出勤卡等）。

6. 同事的证言。

7. 搜集载有劳动者名字的用人单位的各种文件。比如用人单位下发的含有劳动者名字的各种通知、工作任务单、任命通知书、介绍信、签到表等书面资料。

8. 搜集劳动者代表用人单位与其他实体或个人签订的文件等。比如最为常见的代表公司签收快递，该快递单一般可以作为证明劳动关系的证据。

9. 录音、录像、照片。比如拍摄劳动者在工作时间在用人单位内上下班的情况。

10. 搜集网络信息。劳动者与相关人员的 QQ 或 MSN 等各种即时聊天信息的记录也可以作为证据劳动关系的证据。

探索思考

“权利与义务相统一原则”要求我国公民既要树立权利意识，珍惜公民的权利；又要树立义务意识，自觉履行公民义务。想一想如果毕业生在就业过程中违反合同约定，需要承担哪些法律责任？

第三节 违约责任与劳动争议

情景导入

食言而肥

《左传·哀公二十五年》记载，有一次鲁哀公请吃饭，席间大夫孟武伯故意对哀公的宠臣郭重说："你怎么长得这样胖啊？"因为孟武伯屡次不履行诺言，哀公便借机讥刺他说："是食言多矣，能无肥乎？"意思是说，经常吃下自己的诺言，怎么能不胖？后用"食言而肥"指不守信用，只图自己占便宜。

【价值启迪】"食言而肥"这个成语形容说话不算数，不守信用，只图自己便宜。若表示坚决履行诺言，说话一定算数，即为"决不食言"。大学生在签订劳动合同时，如果无理违反劳动合同，构成违约行为，都必须承担违约责任。

知识要点

在求职择业过程中，合约是维护双方权益的重要保障，但在履行合约的过程中，毕业生与用人单位都可能会因为违背合约而产生纠纷。

一、违约责任

（一）就业协议中的违约责任

毕业生与用人单位签订就业协议后，任何一方违约都是我们不愿意看到的，但是它确实可能发生。因此我们应该对合同中规定的责任义务有一个清晰的认识，了解法律法规的规定，才能防患于未然。

就业协议书涉及三方，如果三方中有一方反悔，即视为"违约"，而且必须向另外两方承担违约责任。学校作为合约中的见证方，一般不会涉及违约，事实上可能会出现违约问题的多是毕业生或用人单位。一般情况下，毕业生和用人单位会出现的违约状况大致可以分为以下几种。

毕业生的违约情形：同时与多家用人单位签约，最后定夺；先确定一个用人单

位垫底，一旦找到更理想的用人单位，立马跳槽；向用人单位提供虚假的个人信息；其他违约行为。

用人单位的违约情形：拒收毕业生；提供不真实的企业信息，误导毕业生与之签约；违规收费等。

就业协议书一经毕业生、用人单位、学校签署即具有法律效力，任何一方不得擅自违反合同约定。违约金就是对违约一方的约束，不少毕业生在签订就业协议书时没有仔细阅读合同条款甚至认为合约中没有约定违约金，就可以随心所欲了。实际上，一旦学生违约，用人单位往往会漫天要价索取赔偿，并不会因为就业协议书中没有违约金额的约定而息事宁人；反过来，如果毕业生遭遇用人单位违约，自己的合法权益也同样难以得到保障。不少单位为了“留住”学生，以高额违约金约束学生。学生应该在协商中力争将违约金降到最低，通常违约金不得超过5000元。

（二）劳动合同中的违约责任

劳动合同除了对劳动者、用人单位的权益做了相关规定外，还对双方的义务做了说明，在劳动合同期里双方均不得违约，一旦违反了合同的规定都需要承担责任。

1. 用人单位的违约责任

根据《劳动合同法》第八十七条规定，用人单位违反本法规定解除或者终止劳动合同的，应当依照本法第四十七条规定的经济补偿标准的二倍向劳动者支付赔偿金。

2. 劳动者的违约责任

根据《中华人民共和国劳动合同法实施条例》第二十六条规定，用人单位与劳动者约定了服务期，劳动者依照劳动合同法第三十八条的规定解除劳动合同的，不属于违反服务期的约定，用人单位不得要求劳动者支付违约金。

有下列情形之一，用人单位与劳动者解除约定服务期的劳动合同的，劳动者应当按照劳动合同的约定向用人单位支付违约金：

（一）劳动者严重违反用人单位的规章制度的；

（二）劳动者严重失职，营私舞弊，给用人单位造成重大损害的；

（三）劳动者同时与其他用人单位建立劳动关系，对完成本单位的工作任务造成严重影响，或者经用人单位提出，拒不改正的；

（四）劳动者以欺诈、胁迫的手段或者乘人之危，使用人单位在违背真实意思的情况下订立或者变更劳动合同的；

（五）劳动者被依法追究刑事责任的。

资料链接：劳动合同中劳动者和用人单位的违约责任并不对等！

在签订劳动合同的时候，其实劳动者和用人单位对于违约方面的责任并不对等！

《劳动合同法》第二十五条规定，除本法第二十二条和第二十三条规定的情形外，用人单位不得与劳动者约定由劳动者承担违约金。也就是说，劳动者承担违约金仅限于两种情形：

1. 用人单位为劳动者提供专项培训费用，对其进行专业技术培训的，可以与该劳动者订立协议，约定服务期。劳动者违反服务期约定的，应当按照约定向用人单位支付违约金。该违约金数额并不能随意约定，法律规定了违约金的数额不得超过用人单位提供的培训费用，并且不得超过服务期尚未履行部分所应分摊的培训费用。

2. 劳动者违反就业限制约定的，应当按照约定向用人单位支付违约金。该违约金数额可以由双方当事人约定。

除了这两种情况外，约定劳动者承担违约金都属违法。

但是，对用人单位承担违约金的约定法律并无限制，只要双方达成合意，用人单位应受违约金条款的约束。

也就是说，假如劳动合同约定了合同期限，员工违反约定提前解除劳动合同，这种情况下，也不能对员工要求承担违约金。

二、劳动争议

劳动争议，是指劳动关系的当事人之间因执行劳动法律、法规和履行劳动合同而发生的纠纷，即劳动者与所在单位之间因劳动关系中的权利义务而发生的纠纷。劳动争议解决的方式主要有协商、调解、仲裁及诉讼四种。

（一）协商解决

协商是指劳动者与用人单位在问题发生后，通过约见、面谈等方式解决争议问题。

当然，虽然争议双方是劳动者和用人单位，但是劳动者可以要求所在企业工会参与或者协助其与企业进行协商。工会也可以主动参与劳动争议的协商处理，维护劳动者合法权益。劳动者也可以委托其他组织或者个人作为其代表进行协商。协商达成一致，应当签订书面和解协议。和解协议对双方当事人具有约束力，当事人应当履行。

劳动者与用人单位通过协商解决争议，有利于促进问题的快速解决。但是，协

商程序不是处理劳动争议的必经程序。双方可以协商，也可以不协商，完全出于自愿，任何人都不能强迫。

（二）劳动争议调解

调解指劳动争议的双方当事人以口头或书面的形式向企业劳动争议调解委员提出的调解请求。但是，调解并非解决劳动争议的必经阶段，双方当事人可以申请调解，也可以申请仲裁。企业劳动争议调解委员会调解的程序包括申请、受理和调解三个程序。

1. 申请

劳动争议发生后，双方当事人可以向用人单位劳动争议调解委员会提出调解申请，申请可以口头申请，也可以书面申请。

2. 受理

案件受理是指企业调解委员会在收到调解申请后，经过审查，决定接受案件申请的过程。调解申请可以是双方当事人共同提出，也可以是一方提出，但必须是在双方合意的情况下。

调解委员会受理审查中，主要就三项内容进行审查：一是调解申请人的资格；二是争议案件是否属劳动争议案件；三是争议案件是否属调解委员会受理的范围。调解委员会在对案件进行审查后，就可以做出是否受理的决定，并及时将决定通知双方当事人。

3. 实施调解

实施调解是指通过召开调解会议对争议双方的分歧进行调解。调解会议一般由调解委员会主任主持，参加人员是争议双方当事人或其代表，其他有关部门或个人也可以参加。

实施调解有两种结果。一是调解达成协议，这时要依法制作调解协议书。二是调解不成或调解达不成协议，这时要做好刻录，并制作调解处理意见书，提出对争议的有关处理意见。调解协议达成后，争议双方当事人都应按达成的调解协议书内容自觉地执行。

（三）劳动争议仲裁

劳动争议仲裁是指劳动争议仲裁委员会根据当事人的申请，依法对劳动争议在事实上作出判断、在权利义务上作出裁决的一种法律制度。

仲裁作为劳动争议的处理办法之一，一般要经历这样几个阶段。

（1）申请阶段。当事人在规定的时效内向劳动争议仲裁委员会提交请求仲裁的书面申请。劳动争议申请仲裁的时效期间为一年。仲裁时效期间从当事人知道或者应当知道其权利被侵害之日起计算。值得注意的是，劳动争议仲裁不收费。

（2）案件受理阶段。劳动争议仲裁委员会收到仲裁申请之日起五日内，认为符合受理条件的，应当受理，并通知申请人；认为不符合受理条件的，应当书面通知申请人不予受理，并说明理由。

(3) 调解阶段。仲裁庭在查明事实的基础上，首先要做调解工作，努力促使双方当事人自愿达成协议。对达成协议的仲裁庭还需制作仲裁调解书。调解书应当写明仲裁请求和当事人协议的结果。调解书由仲裁员签名，加盖劳动争议仲裁委员会印章，送达双方当事人。调解书经双方当事人签收后，发生法律效力。调解不成或者调解书送达前，一方当事人反悔的，仲裁庭应当及时作出裁决。

(4) 裁决阶段。经仲裁庭调解无效或仲裁调解书送达前当事人反悔，调解失败的，劳动争议的处理便进入裁决阶段。仲裁庭的裁决要通过召开仲裁会议的形式做出。一般要经过庭审调查、双方辩论和陈述等过程，最后由仲裁员对争议事实进行充分协商，按照少数服从多数的原则做出裁决。仲裁庭做出裁决后应制作调解裁决书。当事人对裁决不服的，可在规定时间内向法院起诉。

(5) 调解或裁决的执行阶段。仲裁调解书自送达当事人之日起生效；仲裁裁决书在法定起诉期满后生效。生效后的调解或裁决，当事双方都应该自觉执行。

(四) 劳动争议诉讼

劳动争议诉讼，是人民法院对当事人不服劳动争议仲裁机构的裁决或决定而起诉的案件，按照民事诉讼法规的程序，以劳动法规为依据，依照法定程序进行审理和判决的一种劳动争议处理方式。劳动诉讼的程序主要包括起诉、审理和执行三个阶段。

1. 起诉

劳动争议当事人向法院起诉，应该书写起诉状，书写起诉状确实存在困难的，可以口头起诉，由人民法院记入笔录，并告知对方当事人。当事人提交诉状后，人民法院将在 7 日内决定是否受理。

2. 法院审理

法院审理劳动争议案件适用民事诉讼法的规定。法院在查明事实的情况下，根据当事人提交的证据材料及辩论做出判决。审理前，人民法院向被告送达起诉状副本，组成合议庭，开展调查或委托调查，通知当事人参加诉讼等事宜。法庭调查时，按当事人陈述、证人作证、出示证言书等证据、宣读鉴定结论和勘验笔录的顺序进行。进入法庭辩论时，先由原告及其诉讼代理人发言，然后由被告及其诉讼代理人答辩，再由各方互相辩论。辩论之后由审判长按照原告、被告、第三人的先后顺序征询各方的最后意见。判决前能够调解的，可以进行调解，调解不成了，应及时判决。

3. 执行

执行程序是指法院依法对生效的法律文书，通过强制措施迫使当事人履行法律

文书规定义务的诉讼活动。一般情况下，判决书、裁决书、调解书等法律文书由当事人自觉履行。但如果当事人不执行生效法律文书确定的期间履行债务的，债权人可以申请人民法院强制执行。申请执行的期限，双方或一方当事人为公民的为一年，双方是法人或者其他组织的为六个月。

资料链接：劳动仲裁委员会的案件管辖范围

劳动争议案件最大的特点就是，强制仲裁且仲裁前置，也就是我们通常说的一裁二审，也有部分劳动案件属于一裁终局。

《中华人民共和国劳动争议调解仲裁法》第二条规定："中华人民共和国境内的用人单位与劳动者发生的下列劳动争议，适用本法：

（一）因确认劳动关系发生的争议；

（二）因订立、履行、变更、解除和终止劳动合同发生的争议；

（三）因除名、辞退和辞职、离职发生的争议；

（四）因工作时间、休息休假、社会保险、福利、培训以及劳动保护发生的争议；

（五）因劳动报酬、工伤医疗费、经济补偿或者赔偿金等发生的争议；

（六）法律、法规规定的其他劳动争议。"

《中华人民共和国劳动争议调解仲裁法》第四十七条规定："下列劳动争议，除本法另有规定的外，仲裁裁决为终局裁决，裁决书自作出之日起发生法律效力：

（一）追索劳动报酬、工伤医疗费、经济补偿或者赔偿金，不超过当地月最低工资标准十二个月金额的争议；

（二）因执行国家的劳动标准在工作时间、休息休假、社会保险等方面发生的争议。"

探索思考

公正司法是维护社会公平正义的最后一道防线。请谈一谈仲裁委员会和法院在审理劳动争议案件时，是否会对用人单位有所偏袒，导致案件结果有失公正？

第四节　社会保险

情景导入

五险一金，你了解多少？

知识要点

社会保险是社会保障制度的一个最重要的组成部分，是国家通过立法强制建立社会保险基金，对参加劳动关系的劳动者在丧失劳动能力或失业时给予必要的物质帮助的制度。社会保险不以盈利为目的。

社会保险具有强制性。《中华人民共和国劳动法》第 72 条规定：用人单位和劳动者必须依法参加社会保险，缴纳社会保险费。根据法律规定，缴纳社会保险费是用人单位与劳动者双方的法定义务，不因劳动者和用人单位的约定而改变。根据《劳动合同法》规定，用人单位不为员工缴纳社会保险的，员工可以提出离职，要求解除劳动关系，并可以得到经济补偿。

社会保险具有法定性。凡是法律规定范围内的用人单位和劳动者都必须按照规定参加并足额缴纳社会保险费。根据《社会保险法》《住房公积金管理条例》规定，用人单位必须给员工缴纳“五险一金”，包括养老保险、医疗保险、失业保险、工伤保险和生育保险，及住房公积金。其中老保险、医疗保险、失业保险、住房公积金为单位和个人共同缴纳，而工伤保险和生育保险为单位个人缴纳。

一、养老保险

养老保险是社会保障制度的重要组成部分，是社会保险五大险种中最重要的险种之一。养老保险，全称社会基本养老保险，是国家和社会根据一定的法律和法

规，为解决劳动者在达到国家规定的解除劳动义务的劳动年龄界限，或因年老丧失劳动能力退出劳动岗位后的基本生活而建立的一种社会保险制度。

养老金由基础养老金和个人账户基金组成。基础养老金由社会统筹基金支付，按社会平均工资的一定比例（20%左右）为标准，由单位缴纳直接划入统筹基金。个人账户基金由个人按照当地年度职工工资的8%缴纳，进入个人基金账户。

养老保险至少要缴够15年，到退休的时候才能终生享受每月发给养老金，所以想拿养老金的人请务必在自己退休前15年就开始交。如果到退休年龄交养老保险不满15年，那等到退休的时候国家会把你个人帐户上存的8%的养老金全部退还。单位缴纳的20%的部分全部划到国家的养老统筹基金里。也就是说，退钱的时候只退给个人自己扣交的钱，单位缴纳的钱归国家所有。

资料链接：跨省就业人员如何领取养老金？

现在年轻人为了获得更好的发展机会，都会选择跨省工作，那么，跨省就业如何领取养老金呢？按有关规定，跨省流动就业的参保人员参保满15年且达到退休年龄的分为四种情况：

1. 基本养老保险关系在户籍所在地的，由户籍所在地负责办理待遇领取手续；

2. 基本养老保险关系不在户籍所在地，而在其基本养老保险关系所在地累计缴费年限满10年的，在该地办理待遇领取手续；

3. 基本养老保险关系不在户籍所在地，其基本养老保险关系所在地累计缴费年限不满10年的，将其基本养老保险关系转回上一个缴费年限满10年的原参保地办理待遇领取手续；

4. 基本养老保险关系不在户籍所在地，且在每个参保地的累计缴费年限均不满10年的，将其基本养老保险关系及相应资金归集到户籍所在地，由户籍所在地按规定办理待遇领取手续。

二、医疗保险

医疗保险是国家和社会根据一定的法律法规，为了补偿劳动者因疾病风险造成的经济损失而建立的一项社会保险制度。

基本医疗保险基金由统筹基金和个人账户构成。职工个人缴纳的基本医疗保险费全部计入个人账户；用人单位缴纳的基本医疗保险费分为两部分，一部分划入个人账户，一部分用于建立统筹基金。单位为员工缴纳的比例为工资总额的9%左右，个人缴纳比例为本人工资的2%。统筹基金和个人账户分别承担不同的医疗费用支付责任。统筹基金主要用于支付住院和部分慢性病门诊治疗的费用，统筹基金设有起付标准、最高支付限额；个人账户主要用于支付一般门诊费用。

员工门诊费用可从个人账户中扣除，扣完以后由员工自行付费。员工住院费用按比例报销：1 万元费用三级医院报销 86%；1 万至 2 万元费用三级医院报销 88%；2 万至 4 万元费用三级医院报销 92%。如果员工连续几年不生病，个人账户资金可以累计滚存。每一次住院有一个基本起付线的免赔额，分别为：一级医院 500 元，二级医院 750 元，三级医院 1000 元，这些费用需要员工自行承担。甲类药和乙类药按比例报销，进口药不予报销，超过 4 万元保障额度就得自行付钱。

医疗保险并不是报销所有的疾病，以下医疗费用只能自己承担：比如各种美容(生活美容、医学美容)、健美项目、近视矫正等；各种减肥、增胖、增高项目；各种健康体检；牙科整畸、牙科烤瓷；各种医疗咨询（不含精神科咨询)、医疗鉴定等医保都不予报销。

医疗保险男性交满 25 年，女性交满 20 年，才能在退休以后终生享受医疗保险待遇。值得注意的是：医保停止缴纳后 3 个月就不再享受医疗报销的待遇。需要再次连续缴纳 6 个月之后，才能再次享受住院报销等待遇，所以尽量不要停止缴纳医疗保险。

三、失业保险

失业保险是指国家通过立法强制实行的，由社会集中建立基金，对因失业而暂时中断生活来源的劳动者提供物质帮助进而保障失业人员失业期间的基本生活，促进其再就业的制度。

领取失业金，必须先满足以下条件：一是所在单位和本人已按照规定履行失业保险缴费义务满 1 年；二是非自己意愿失业，比如合同到期、被辞退等。如果因本人主动辞职那么就不能领取失业金；三是在失业后 60 天内已经进行失业登记并有求职要求。只有满足以上三个条件才能领取失业金。

失业保险由个人缴 0.2%~1%，单位缴 2%，不同地方有不同规定。失业金并不是可以无限期领取，法律规定，最多可以领取 24 个月补贴。《失业保险条例》(以下简称《条例》）规定：失业人员在领取失业保险金期间有下列情形之一的，停止领取失业保险金，并同时停止享受其他失业保险待遇：(一）重新就业的；(二）应征服兵役的；(三）移居境外的；(四）享受基本养老保险待遇的；(五）被判刑收监执行或者被劳动教养的；(六）无正当理由，拒不接受当地人民政府指定的部门或者机构介绍的工作的；(七）有法律、行政法规规定的其他情形的。

四、工伤保险

工伤保险，又称职业伤害保险。工伤保险是通过社会统筹的办法，集中用人单

位缴纳的工伤保险费，建立工伤保险基金，对劳动者在生产经营活动中遭受意外伤害或职业病，并由此造成死亡、暂时或永久丧失劳动能力时，给予劳动者及其实用性法定的医疗救治以及必要的经济补偿的一种社会保障制度。这种补偿既包括医疗、康复所需费用，也包括保障基本生活的费用。

《工伤保险条例》第十四条规定，职工有下列情形之一的，应当认定为工伤：

在工作时间和工作场所内，因工作原因受到事故伤害的；工作时间前后在工作场所内，从事与工作有关的预备性或者收尾性工作受到事故伤害的；在工作时间和工作场所内，因履行工作职责受到暴力等意外伤害的；患职业病的；因工外出期间，由于工作原因受到伤害或者发生事故下落不明的；在上下班途中，受到非本人主要责任的交通事故或者城市轨道交通、客运轮渡、火车事故伤害的；法律、行政法规规定应当认定为工伤的其他情形。

也就是说为员工在工作期间，以及工作前后从事与工作相关的事情的过程中受到的损害，或者患职业病，都可以认定为工伤。

《工伤保险条例》第十五条规定职工有下列情形之一的，视同工伤：在工作时间和工作岗位，突发疾病死亡或者在48小时之内经抢救无效死亡的；在抢险救灾等维护国家利益、公共利益活动中受到伤害的；职工原在军队服役，因战、因公负伤致残，已取得革命伤残军人证，到用人单位后旧伤复发的。

值得注意的是：在工作时间和工作岗位，突发疾病死亡或者在48小时内经抢救无效死亡的，视为工伤，两个条件须同时具备："工作时间"和"工作岗位"；"突发疾病死亡"是指：职工突发与工作无关的疾病导致死亡。如果是与工作有关的疾病而导致死亡，应当按照《工伤保险条例》第十四条的规定认定工伤。在工作岗位上突发与工作无关并没有导致立即死亡的疾病，但是在48小时内经抢救无效死亡的，视同为工伤。但超过48小时，不享受工伤保险。

针对转业军人的保护，军人在战斗中或者在履行职责中负伤致残，依据《革命伤残军人评定伤残等级的条件》之规定，军人伤残对于经有关部门评残，取得伤残军人证的退伍军人，如果在用人单位旧病复发，视同为工伤。这主要考虑到革命军人为国家利益已经付出代价，为切实保障革命军人的利益而做出这样的规定。

五、生育保险

生育保险是通过国家立法规定，在劳动者因生育子女而导致劳动力暂时中断时，由国家和社会及时给予物质帮助的一项社会保险制度。我国生育保险待遇主要包括两项。一是生育津贴，二是生育医疗待遇。其宗旨在于通过向职业妇女提供生育津贴、医疗服务和产假，帮助他们恢复劳动能力，重返工作岗位。

生育保险的范围一般包括两个部分，一是生育医疗费。女职工生育的检查费、接生费、手术费、住院费和药费由生育保险基金支付。超出规定的医疗业务费和药费（含自费药品和营养药品的药费）由职工个人负担。女职工生育出院后，因生育引起疾病的医疗费，由生育保险基金支付；其他疾病的医疗费，按照医疗保险待遇的规定办理。女职工产假期满后，因病需要休息治疗的，按照有关病假待遇和医疗保险待遇规定办理。二是生育津贴。女职工依法享受产假期间的生育津贴，按本企业上年度职工月平均工资计发，由生育保险基金支付。

生育保险基金不予支付下列费用：不符合国家和省城镇职工基本医疗保险和生育保险的药品目录、诊疗项目、医疗服务设施项目及相关就医管理规定的费用；因为医疗事故发生的费用；分娩期外治疗生育并发症的费用。

生育保险个人不用交费，公司缴费的比例为 0.8%，无论男女都必须缴费，缴满一年就可以享受生育福利。

六、住房公积金

（一）含义

住房公积金，是指国家机关、国有企业、城镇集体企业、外商投资企业、城镇私营企业及其他城镇企业、事业单位、民办非企业单位、社会团体及其在职职工缴存的长期住房储金。

住房公积金的定义包含以下五个方面的涵义。

1. 住房公积金只在城镇建立，农村不建立住房公积金制度。

2. 只有在职职工才能建立住房公积金制度。无工作的城镇居民、离退休职工不实行住房公积金制度。

3. 住房公积金由两部分组成，一部分由职工所在单位缴存，另一部分由职工个人缴存。职工个人缴存部分由单位代扣后，连同单位缴存部分一并缴存到住房公积金个人账户内。

4. 住房公积金缴存的长期性。住房公积金制度一经建立，职工在职期间必须不间断地按规定缴存，除职工离退休或发生《住房公积金管理条例》规定的其他情形外，不得中止和中断。这充分体现了住房公积金的稳定性、统一性、规范性和强制性。

5. 住房公积金是职工按规定存储起来的专项用于住房消费支出的个人住房储金，具有两个特征：积累性和专用性。

（二）缴纳比例

住房公积金的每月缴纳的比例，职工和单位是一样的。一般是 5%~12%之间，最低 5%，最高 12%。也就是说，你从工资里扣多少钱缴纳公积金，单位就再给缴纳交多少钱。你扣的越多，单位给你缴纳的越多。比如小白月薪 5 千，公积金缴纳比例为 12%，她交 600 元，单位交 600 元，每月就有 1200 元进入她的个人公积金

账户。遗憾的是，目前住房公积金针对城镇在职职工，农村或者无工作、离职退休的城镇居民还没有。

（三）申请条件

1. 城镇职工个人与所在单位必须连续缴纳住房公积金满一年；

2. 借款人购买商品房的，必须有不少于总房价 30%以上的自筹资金作为房屋首付款；

3. 借款人有稳定的经济收入、信用良好、有偿还贷款本息的能力；

4. 夫妻双方都正常足额缴存住房公积金的，只允许一方申请住房公积金贷款；

5. 贷款人须有本省（市）城镇常住户口或有效身份证身份。

（四）特点

普遍性，城镇在职职工，无论其工作单位性质如何、家庭收入高低、是否已有住房，都必须按照《条例》的规定缴存住房公积金。

强制性（政策性），单位不办理住房公积金缴存登记或者不为本单位职工办理住房公积金账户设立的，住房公积金的管理中心有权力责令限期办理，逾期不办理的，可以按《条例》的有关条款进行处罚，并可申请人民法院强制执行。

福利性，除职工缴存的住房公积金外，单位也要为职工交纳一定的金额，而且住房公积金贷款的利率低于商业性贷款。

返还性，职工离休、退休，或完全丧失劳动能力并与单位终止劳动关系，户口迁出或出境定居等，缴存的住房公积金将返还职工个人。

通过上面五险一金的介绍，我们会发现社保已经和我们生活的方方面面紧密联系起来，是对劳动者的一份保障。毕业生在刚刚入职时，担心自己缴纳五险一金，工资就会下降，所以不想缴纳五险一金；或是有些单位为了逃避社会责任，与劳动者签订自愿放弃社保的协议或是以提升工资为由代替缴纳社保。事实上，五险一金是国家法律规定强制缴纳，不是用人单位或劳动者的个人意愿。所以每个单位和劳动者都必须按照法律规定缴纳社保。

课堂讨论

在一档综艺节目中，考研名师张雪峰谈到职场规则时说，求职面试时千万别问关于五险一金和加班费的问题，他非常讨厌问五险一金的求职者，这是一群“进入职场的目标是未来以拿退休金去生活的人”，这样的人没追求。这段话在社交媒体上引发巨大争议，请讨论求职者问自己的基本福利保障是否就是没理想、没追求？

求职小贴士：遭遇求职陷阱，该怎么办？

1. 如被欺诈或误入非法行业，应立即向公安机关报案。

2. 合法的中介机构应持有《职业介绍许可证》或《人才中介服务许可证》《营业执照》《税务登记证》《收费许可证》等。如果遇到无证照或证照不全的中介，应及时向相关的劳动部门、工商管理部门或公安部门反映。

3. 如果遇到用人单位发布虚假招聘信息，信息中所列的待遇、薪酬与实际情况严重不符的，求职者应向劳动部门反映，请求查处。

4. 我国法律明确禁止用人单位招聘人员时“向求职者收取招聘费用”，同时禁止“以招聘人员为名牟取不正当利益或进行其他违法活动”。用人单位以收取培训费、押金、保证金、担保金作为录用条件的，其行为违反了《劳动法》的相关规定。求职者可及时向劳动部门反映，请求查处，要求退还所交费用。

5. 用人单位以招聘推销员为名，订立推销员不可能完成的任务，致使推销员不能获取报酬的，其行为系以欺诈手段建立劳动关系，同样违反了《劳动法》的有关规定，如果其行为触犯刑律，应由相关部门追究刑事责任。

6. 对于因用人单位或中介机构收取一定中介费用后搬迁消失的情况，如果是正规中介机构或有营业执照的用人单位，可向劳动部门投诉，如是没有营业执照的用人单位，则可向所在地公安部门报案，由公安部门查实，如其行为触犯刑律，应依法追究其刑事责任。未触犯刑律的，可移交相关劳动部门处罚。

探索思考

入职后发现用人单位不给员工缴纳保险，怎么办？

第五节 技能提升训练营

一、活动名称

走近企业，走向未来——大学生企业行社会实践活动

二、活动目的

每位大学生未来都必然离开校园，走入社会。如何在求职择业过程中，通过信息的搜集及筛选感受企业的文化从而确定适合自己的企业，这对毕业生来说极其重要。通过课外活动走访企业，从价值观、发展前景、工作氛围、人才需求、行为方式等方面分析企业文化，有助于毕业生成功择业。

三、活动步骤

（一）筹备阶段

班级同学分成 5~6 人/组，每组同学组队后确定 2~3 家企业进行走访。走访前，各组先利用网络、宣传资料等搜集企业信息，并做好实践规划。

（二）实践阶段

各组同学与企业对接，完成企业实践体验活动，完成体验报告，原则上要有实践实录，并遵守法律法规，注意个人形象，不做损害学校的事情。

（三）综合汇报阶段

各组同学将自己的实践成果以 PPT 课件形式进行汇报，其他小组和教师进行评分及点评，同学组评分占总成绩 40%，教师评分占总成绩 60%，最后各组成绩列入课程形成性考核成绩当中。

四、活动结论

通过企业行走访活动，增加了学生对企业的了解和认识，为学生未来成功走入企业工作奠定了基础和信心，有助于提高大学生的就业能力。

课后寄语

习近平总书记提到“人才有高下，知物由学。”梦想从学习开始，事业靠本领成就。广大青年要自觉加强学习，不断增强本领。广大青年要如饥似渴、孜孜不倦地学习，既多读有字之书，也多读无字之书，注重学习人生经验和社会知识。这是总书记对青年的寄语。毕业生在求职择业的过程中，因为没有经验必然会对就业充满忧虑和担心，进而影响他们对维护就业合法权益的态度，或委曲求全，或锱铢必较。毕业生只要端正心态，了解和掌握就业政策及相关法律法规，善用维权救济方式，克服困难和压力，顺利就业。

解疑答惑

学生：作为职业院校的学生，大学期间的最后一年我们都会参加学校安排的实习，请问实习期间跟试用期有什么不同？

就业指导专家：大学期间的实习分为两种：一种是未取得大学生就业推荐表，学校为了培养学生的职业能力，与公司联系给大学生学习的机会，单位提供资源对大学生进行培训。一种是取得大学生就业推荐表，学校、用人单位和学生签订三方协议，该大学生与单位之间存在劳动关系，受《劳动合同法》约束。大学最后一年的实习期属于第一种情况，一般单位与学生之间达成的一次性的劳动服务，双方之间签订《实习协议》属于劳务关系，而不是劳动关系，不受《劳动合同法》约束，单位按照约定给实习生支付相应实习报酬。《实习协议》属于《合同法》《民法通则》范畴，而《劳动合同》归《劳动法》《劳动合同》管理。

在实习期内，公司可以辞退实习生，会给予实习期内的合理报酬，但不涉及经济补偿金。另外，实习期公司可以不为实习生购买社保、公积金。假如实习生在实习期间发生伤害事故，不属于工伤，不能享受工伤保险待遇，但可以以雇佣关系向用人单位主张权利，或由学校基于与单位之间的实习合同的相关约定主张权利。

实习期与试用期的不同具体体现在以下几个方面。

1. 当事人的身份不同

试用期是用人单位和劳动者在劳动合同中约定的，所以处于试用期的自然人一方只能是劳动者。而实习是指主要由学校根据教学和技能训练的需要，与实习者、实习单位讲行约定，故实习期间的自然人一方是在校学生。

2. 权利义条关系不同

试用期的当事人双方存在着劳动关系，用人单位对劳动者承担无过错责任，与劳动者共同履行缴纳社会保险费用的义务，向劳动者支付的工资报酬不得低于当地最低工资标准。而实习学生与用人单位签订的不是劳动合同，实习学生并不是严格意义上的劳动者。用人单位不承担无过错责任，无须执行最低工资标准。

3. 当事人的目的不同

试用期主要用人单位和劳动者之间讲行相互了解、相互选择的考察期，是二者的磨合期间。在实习期间，学生实习活动所要实现的目的，就学校与学生而言是提高实习学生的自身素养，完成学业并提升学生的实践能力；对于单位来讲，学生的实习活动和劳动者的生产经营活动有相同或相似之处。但在目的上有本质的不同，

不同的是“教”而非“用”，即单位是接受学校的委托，为在校学生供一个参与社会实践的平台。实行理论与实践相结合的教育，培养学生的社会实践能力，使学生在课堂学到的理论知识通过实习这一过程转化为实际工作能力。

思维导图

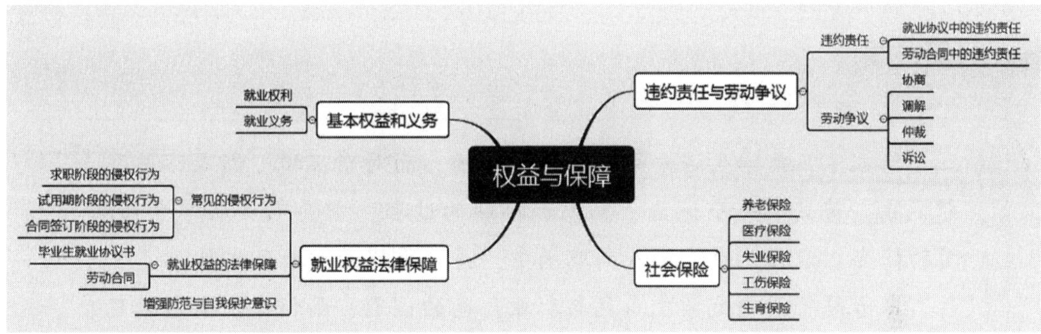

课后测验（扫码测验）

专题七　赋能青春　扬帆起航
——角色转换与职场适应

开篇导读

毕业了，大学生迈向社会，踏入职场，面对新环境、新人际关系、新挑战，势必有一个适应、熟悉和接纳的过程，需要完成从学生到职员的转变，让自己快速融入到职场中，得到更好的成长和发展。

本专题将围绕大学生角色与职业角色的区别、如何完成角色转变、职业发展、如何保持良好心态、如何实现职场适应与重塑自我等问题，帮助即将走向职场的毕业生更好地完成学生到职业人的蜕变。

■ 目录

● 从校园到职场的角色转变
● 职场适应的策略与技巧
● 技能提升训练营

■ 学习目标

素质目标：树立吃苦耐劳、求真务实的职业态度；培养良好的团队精神，尊崇干一行、爱一行的职业操守；践行诚实守信、爱岗敬业的职业道德。

能力目标：能够认清自我，正确定位，积极适应未来职场的角色转变。

知识目标：了解职业人应有的职业素质，掌握快速适应职场的技巧和方法。

思政元素

- 培养精益求精、一丝不苟的工匠精神
- 树立脚踏实地、求真务实的人生态度
- 践行诚实守信、爱岗敬业的职业道德

第一节 从校园到职场的角色转换

情景导入

电视剧《平凡的荣耀》："平凡"在人，"荣耀"在事

电视剧《平凡的荣耀》讲述了万年不升职的投资公司经理和初入职场的新晋菜鸟在上海金融投资领域的职场故事。金宸资本经理吴恪之有着犀利的投资眼光，也有着桀骜不驯的性格，因此不受公司领导的重用。公司突然空降了不具备大学学历、毫无工作经验的实习生孙弈秋，加入吴恪之的团队。起初吴恪之非常排斥他，不愿意接纳。但是，在关键时刻，孙弈秋挽留住了一位重要客户，为自己赢得了宝贵的试用期。在之后共事的过程中，吴恪之逐渐发现孙弈秋的能力和优势，在他的言传身教、悉心指导下，孙弈秋得以迅速成长。吴恪之也逐渐清晰自己的坚守和底线。师徒俩经过不断地磨合和碰撞，逐渐取得默契。在公司面临内忧外患的重要时刻，不被公司看好的平凡的师徒二人挽救了公司的声誉。经过一系列事件后，他们对自己的职业生涯有了新的想法，做出了新的选择。职场新人孙弈秋成功的完成了职场适应与角色转换。

【价值启迪】我们的未来，是在无尽的平凡中奔波？还是在渴望荣耀中挣扎？平凡的荣耀，属于默默奋斗的每一个人。

奋斗是青春最亮丽的底色。

有奋斗，才有未来！

知识要点

一、大学生和职业人的角色区别

所谓职业人就是参与社会分工，自身具备较强的专业知识、技能和素质等，并能够通过为社会创造物质财富和精神财富而获得合理报酬，在满足自我物质需求和精神需求的同时，实现自我价值最大化的群体。人的一生，从求学到谋生，要经历无数次的角色转变。每一阶段人生角色所赋予的内容和要求都是不同的。

（一）面对的环境不同

大学生在校园里，面对“寝室——教室——图书馆——食堂”四点一线的简单而固定的学习生活、单纯而简单的校园文化气氛。但是作为职业人，在紧张的职场上面临快速的生活节奏、显著增加的工作压力造成很大的心理负担。

（二）承担的责任不同

学生时代，以学习、探索知识为主要任务，为将来进入社会工作做准备，不用承担过多的社会责任。进入工作岗位后，无论何种职业角色都具有自己的社会职位和一定职权，在更大程度上需要对他人、对团队、对社会的负责。

（三）两者所需要的技能不一样

学生所需技能是良好的记忆力和逻辑思维能力；作为职业人士，要想把岗位、工作任务做好却需要处理人际关系的能力、专业技术能力、管理能力、领导能力等更多的技能和素养。

（四）工作的方法不同

应届生进入职场，如果不能快速地转换角色，延续学校时的学习心态来开展工作。在校时的学习，更倾向于个人独立的完成学习目标；进入职场，会同样抱着独立完成工作的心态去做。然而，职场中更多需要团队合作的意识和能力，需要以最快的速度、最好的结果来完成目标任务。

二、大学生角色转变的原则

象牙塔里刻苦读书的大学生毕业后走入社会总是怀着期待和紧张的心理。他们既希望能实现经济独立，养活自己，同时也担心自己不能适应复杂的人际关系和紧张的工作节奏。这个过程如同破茧化蝶一样，在痛苦中完成蜕变。那么，对于大学生来说，如何缩短这个过程尽早成为一名合格的职场人呢？

（一）遵守规则

“不以规矩，不能成方圆。”不同的行业有不同的规则。职业人要树立尊重和遵循规则的意识，自觉遵守行业领域内的各种规则，重规则，讲规则，守规则。

对于所有职业人士来说，共同的规则是虚心学习、努力工作、全力以赴完成目

标任务，不为自己的行为和过错寻找借口。在工作上受了委屈、遭受不公平的待遇，内心不平不满，想要发泄出来，这种心理和行为必不可取。相反，应该换一个角度看待问题，只有能够忍受这些委屈、经受考验，才能锤炼自己的心理素质。

古人讲“受不得穷，立不得品；受不得屈，做不得事。”“无故而怨天，则天必不许；无故而尤人，则人必不服。”对待工作，不抱怨，不牢骚，戒除消极不满情绪，积极面对问题，克服困难，努力实现目标。

（二）虚心请教

初入职场的新人，除了处理好同事之间的关系外，更重要的是提升自己的能力。适应职场就是一个从零开始的过程。工作中的现实状况与在书本上学到的不同，初入职业的学生需要从实践中不断学习和总结经验教训，虚心请教公司的前辈，并且活学活用，努力熟悉业务，精通专业。

（三）调节心态

良好而稳定的心理素质对每个人来说都十分重要。进入职场，必然会有一个适应期。在适应期自我期望较高，压力较大，很容易出现心理失衡，因此，每个人都应该注意维护自己的心理健康。适当的寻求朋友或者心理咨询师的指导和帮助十分必要。

课堂讨论

青年如何做好从学生向职场人的角色转换？

三、大学生完成角色转换的方法

（一）客观评价自己，明确职业方向

给自己一个客观的评价并不难，需要弄清楚这样几个问题：自己想要什么结果？自己拥有什么资源？目前能做到什么程度？从这几个问题出发，通过认真思考就会得出一个既有目标又有根据并且符合实际的自我评价，同时能规划明确的职业发展方向，清楚自己在某个行业未来可能到达的高度，创造富有理性的梦想。

（二）了解企业和岗位，避免盲从行事

毕业生求职初期，想要从行业中选择一个职位作为职业发展的起点，首先要清晰岗位职责，这样进入公司后就知道自己应该做什么，从而避免由于茫然无措而造成巨大的心理压力。

（三）以接纳包容心态，融入职业环境

每个公司都会形成独特的企业文化。毕业生进入企业开展工作前，了解、接纳并认同企业文化，找到自己与企业文化的融合点，就会有归属感和自豪感，这种积极的心态有助于快速融入新环境，也让工作充满乐趣。

（四）不断提升自我，打造职场自信

毕业生初入职场，会发现自己不了解、不明白的东西很多，这是必然的，不要盲目恐慌。查漏补缺，关注行业动态，不断充实最新的专业知识和技能，沿着职业规划的路径努力前进，每天进步一点点，积极自我提升，保持良好的心态、阳光的心情，树立职业自信。毕业生初入职场，自信心很重要，它是毕业生成功转换角色、走向成熟的标志。

（五）拥有职业高情商，灵活处理人际关系

学生时代考场上的较量主要是智力较量，职场上拥有较高的情商却能更胜一筹。情商主要是指人在认知、情绪、情绪管理、耐挫能力、人际关系等方面的能力。较高的情商主要表现为：能准确地识别自己与他人的情绪，善于自控，能与他人和谐相处，很好的共情（共情，是指能够及时准确地感觉他人的感受，做到换位思考。），自信而不自满，幽默等，这些特质可以为自己营造出和谐、轻松的工作氛围，身心愉悦。

求职小贴士：角色转变的雷区提示

雷区 1：入职后仍旧保持学生思维

学校和职场具有很大的不同。初入职场，要转变校园思维，从零开始。

雷区 2：眼高手低，好高骛远

初入职场，在新的平台中，要脚踏实地，从细节做起。成功需要不断积淀。做好眼前的工作才是正确的选择，其他的交给时间来完成。

雷区 3：害怕和领导沟通

职场新人可能害怕与领导进行沟通。对于领导安排的任务，要分节点和事情的轻重缓急进行汇报，不要等到领导询问才汇报。当然，也不应每件事都向领导请示汇报。

雷区 4：做事拖拉，推一步，动一步

有些职场新人对于指派的任务，节点意识不强，做事拖拖拉拉，而且不善于反馈，这样的做法不利于日后发展。对于指派的工作一定要发挥主观能动性，按照节点按时积极主动地完成。

探索思考

假如你刚进入某单位工作，领导安排你负责从来没接触过的事情，你将如何开展工作？

第二节 大学生职场适应的策略技巧

情景导入

谁能够最后留下来?

阿庆开了一家服装公司，聘用了三名刚毕业的大学生：小赵、小钱、小孙作为营销员，三个人月薪相差无几，都处于每月3200元~3500元之间，并按销售业绩的12%比例提成。两个月后，三名营销员表现如下：

小赵：老实听话，但非常被动，工作不指派到自己头上决不会动手，叫苦的时间远比干活的时间多。两个多月，一无所获，没有完成一个订单。

小钱：为人聪明机灵，但是组织纪律观念不强，有时出现偷懒、开会迟到等行为，只完成了两笔订单。

小孙：勤奋努力，任劳任怨，为人诚信，但不失灵活，完成十笔订单。

想一想：三个月的试用期马上就要结束了，老板阿庆决定三个人中只留下一个予以重用。你认为他会留下谁？原因是什么？阿庆决定员工去留的标准又是什么？

【价值启迪】小孙是最理想的人选。对于初入职场的大学生而言，具有诚恳的态度、敬业的精神，学会给自己“断奶”，能够虚心向前辈请教，才能在未来的职业生涯中开好头、起好步，实现自我的快速成长。

知识要点

对于即将步入职场的大学生来说，很多事情都未曾接触过，感觉新奇陌生，需要不断地调整自我来适应新环境、新角色，迅速融入工作团队，实现从“大学生”到“职场人”的角色转变。青年大学生既要仰望星空，又要脚踏实地。

一、常见的职场适应技巧

对于初入职场的人，成长道路是痛苦的。蝴蝶在蠕虫的时候也丑陋和痛苦，但是一旦冲破了茧的束缚，就将化为美丽的蝴蝶，得到真正的自由和快乐。如何能够平稳地度过浮躁期，尽快进入工作角色，可以从以下几方面着手。

（一）了解公司的发展战略

只有从更高的站位、从大局出发去了解公司，你才能够对公司充满信心，才会准确找到自己的定位和今后努力的方向，实现个人目标和公司目标的有机融合，实现自己与公司的共同成长。所以，刚参加工作，不要把眼光只局限于公司现状、眼前利益，要多和领导沟通，清晰而深刻的认识到公司的发展方向和前景。

（二）适应文化，融入团队

适应文化。了解企业独特的文化与价值观，设法融入其中，不触碰公司的原则和底线。

融入团队。一件事情成功与否，其中85%依靠沟通与人际关系，15%依靠专业知识与技术。

（三）做好职业生涯规划

正确合理的职业生涯规划是事业成功的关键因素。完成从“校园人”到“社会人”的转变之后，应开始正式规划自己的职业生涯，即确定个人的奋斗目标。有了目标，就有了努力的方向和动力，更重要的是帮助个人真正了解自己，为自己准确的筹划未来，避免对未来迷茫。在职业规划时，切忌不切实际、好高骛远，一定要客观的衡量自身的能力，制定切实可行的职业生涯规划。

二、大学生初入职场需要注意的事项

（一）拥有健康阳光的心态

职场人角色与学生角色在所处环境、所需技能、评价标准等方面都存在很大不同。进入职场的毕业生要尽快调整心态，熟悉职场环境，了解职场规则，完成角色之间的转换，顺利度过职场适应期。

职场人所需要的良好心态包括：

1. 空杯心态。当进入一个新环境时，希望同学们放下身段、放低姿态，虚心向身边优秀的人学习。

2. 积极主动的心态。世界上没有决定命运的上帝，每个人的命运掌握在自己手中。多积极主动的参与工作，就会有更多的机会。

3. 勤奋付出而不计较，公司领导都会看到这些优点和特质。

4. 坚持不懈、不怕挫折的心态。只有不断尝试，不断迎接挑战、战胜困难，愈挫愈勇，勇往直前，才会成功。

5. 老板心态。一定要弄清楚自己公司的方方面面。

（二）培养爱岗敬业的品格

初入职场的大学生要不怕吃苦、不怕付出、不计较得失、不纠结于眼前，以空杯的心态对待每一件工作，踏踏实实地把每一件事情做好。干一行，爱一行；干一行，专一行。对待工作要一丝不苟、认真负责，恪尽职守，尽职尽责，在力所能及的范围内做到极致。

（三）树立终身学习的理念

俗话说“活到老，学到老。”人生的任何阶段都需要学习，无论是零基础的职场新人，还是经验丰富的老人，面对不断更新的知识结构和行业情况变化，要树立终身学习的态度，养成终身学习的习惯，不断提升自身的职业发展能力和职业素养。

（四）养成责任担当的意识

机遇总是留给有准备的人。所谓有准备就是指承担了重要职责并在重要职责方面进行了能力提升和经验积累。所以，职场新人要在工作中保持积极主动的心态，在工作中愿意承担责任、敢于承担责任、勇于承担责任，敢于担当，勇于任事。做工作，不要怕担责任，不要推诿，要不惧艰难困苦，勇敢迎接挑战，直面现实，坚持问题导向，发现问题，分析问题，解决问题，从而不断提升自我，取得进步。

前沿动态：人社部对拟发布的新职业信息进行公示

为助力新冠肺炎疫情防控，促进劳动者就业创业，根据《中华人民共和国劳动法》有关规定，现将拟发布的新职业、新工种及调整的职业（工种）信息公示如下：

一、拟新增职业信息

（一）区块链工程技术人员

（二）社区网格员

（三）互联网营销师

（四）信息安全测试员

（五）区块链应用操作员

（六）核酸检测员

（七）在线学习服务师

（八）社群健康助理员

（九）老年健康评估师

（十）增材制造（3D 打印）设备操作员

二、拟新增工种信息

（一）在“心理咨询师”职业下增设“心理干预指导师”。

（二）在“互联网营销师”职业下增设“直播销售员”。

（三）在“道路客运汽车驾驶员”职业下增设“汽车代驾员”

（四）在“网络与信息安全管理员”职业下增设“互联网信息审核员”工种。

（五）在“银行信贷员”职业下增设“小微信贷员”工种。

（六）在“企业人力资源管理师”职业下增设“劳务派遣管理员”工种。

（七）在“保健调理师”职业下增设“中医健康管理师”。

（八）在“壁画制作工”职业下增设“泥板画创作员”。

三、职场新人必备的职业素质

（一）职业精神

要有一种高效、敬业和忠诚的职业精神，主要表现为：思维方式现代化，拥有先进的管理理念并能将其运用于经营实践中；言行举止无私心，在公司的业务活动中从不掺杂个人私心，无私才能无畏；待人接物规范化，这是行为职业化的一种要求。

拥有良好职业精神的人，进入任何组织都会受到欢迎，而且，迟早会取得成功。

（二）学习精神

虚心学习知识、提高工作能力是角色转换的重要手段。毕业生在校期间学习的知识技术毕竟有限，很多知识和能力需要在工作实践中去学习、锻炼和提高。面对全新的职业，毕业生需要像小学生那样从头学起，虚心向有经验的领导、同事以及其他专业技术人员学习，不断丰富自己的专业知识和结构，提高自己的专业技能，不断地完善自我、提升自我。

（三）责任意识

干任何一项工作，要有足够的热情，更要有丰富的经验和随机应变的能力。这种经验和能力的获得并非一朝一夕之功，它需要平时工作中的长期积累和训练。大学生只有以满腔的热情、高度的事业心和责任感认真对待职业，才能够坚持长期的积累和训练。

每个岗位都有一定的职责与任务，要坚守岗位，坚定履行职责，坚决完成任务目标。对于岗位职务所要求的目标任务肩负重大的责任，对于自己的职务行为要承担必须的责任，对于职务行为后果要责无旁贷，勇于承担，对自己的职务行为和后果负责。

（四）团队意识

进入职场，团结合作是第一要义。进入职场，只有学会与团队分享和合作，才

能获得事半功倍的回报。

职业新人，要树立团队合作意识，具备团队合作精神，培养团队合作的能力，团结同事，齐心协力，心往一处想，劲往一处使，相互学习，互帮互助，相互理解，包容忍让，共同进步，共同奋斗，共同致力于完成团队的目标任务。

进入职场后，毕业生首先要做的事情是清空过去，撕掉过去的标签，重新出发。毕业生应积极调整心态、勇敢面对挫折，制定正确的职业生涯规划，尽快实现角色转变，融入到社会集体生活。有效适应每一次人生转变，更好地经营自己的人生，最大化发挥个人的人生价值和全景化地实现我们的社会价值，使自己的职业生涯不断获得成功，不断发展进步。

资料链接：书籍《远见》主要内容和核心观点

职业生涯不是一场短跑比赛，更不是百米冲刺，而是一场至少长达 45 年的马拉松比赛。它把人的整个职业生涯分成三大阶段，以大约 15 年为一个分界点，并且详细介绍了每一个阶段我们应该采取的主导策略，回答了如何提升自己的能力、如何搭建关系资源、如何在整个职业生涯中获得幸福感和满意度、如何成为更好的自己等重要问题。

探索思考

1. 职场新人如何快速适应社会？有哪些技巧？

第三节 技能提升训练营

一、活动名称

职场初体验——空姐的一天

二、活动目的

技能提升训练营是青年人体验不同职业、掌握专业技能、积累工作经验的“职业体验站”，也是青年人提升求职技巧、调整就业观念、调整职业心态、学习职业礼仪的“职场充电站”。

三、活动设计

活动对象：2018 级空中乘务专业的学生
活动地点：多媒体教室

四、活动步骤

（一）情景模拟

因恶劣天气导致飞机中途空降，空姐热心服务，为乘客着想，解决乘客诸多困难。

（二）角色扮演

A 组学生扮演空姐，B 组学生扮演乘客。

五、活动总结

（一）学生交流自身体会，选取代表发言

（二）教师点评

职场新人想要快速适应工作，需要多付出、少抱怨，有较强的责任心、爱心，履行职责，爱岗敬业。

课后寄语

如何在第一份工作中获得职业经验和技巧，完成职业适应，往往成为一个人能否成功打开职场大门的关键。大学毕业生应先调整心态，正视、接纳现实，恰当地评价自己，放低姿态，一切从零开始。年轻人有激情，任何困难都无需惧怕，要学会在苦差事中潜水，学会在生活中接受重创。

适应，将使人生获得机遇；努力，将使职业生涯有所成就！

青春在烈日下激情燃烧，梦想在天空中缤纷绽放！

从现在开始，投身这场求职的革命吧！

未来的职场将属于你们！

最后，祝愿各位毕业生早日找到理想的工作，实现自己的梦想！

解疑答惑

对于刚毕业的大学生而言，没有任何的职业经历和经验，职业生涯犹如一张白纸。作为职场新人，如何顺利通过企业的试用期，成为一名正式的员工呢？

1. 尽快融入新团队熟悉公司的企业文化

试用期是双向选择、双向考察的过程。不同的企业有着自己独特的管理方式和

企业文化。对刚刚进入工作的新手而言，首先要尽快融入自己所在的新团队。

2. 清楚自己的岗位职责和任务目标

在试用期阶段，良好的状态应该是积极向自己的同事请教，了解清楚自己所承担的任务，及早发现自己的不足、需要完善的地方，同时，清楚自己负责的岗位职责、工作任务所需要的能力以及尚未掌握的硬性条件，抓紧时间补齐短板，完善自己。

3. 积极主动工作展示自己能力

试用期阶段，工作态度一定要积极主动，抓住一切机会展示自己的才能。多思考，积极提出自己的意见和建议。职业新人本身具有一些宝贵的品质，这些品质是试用期中领导需要重点考核的地方。

思维导图

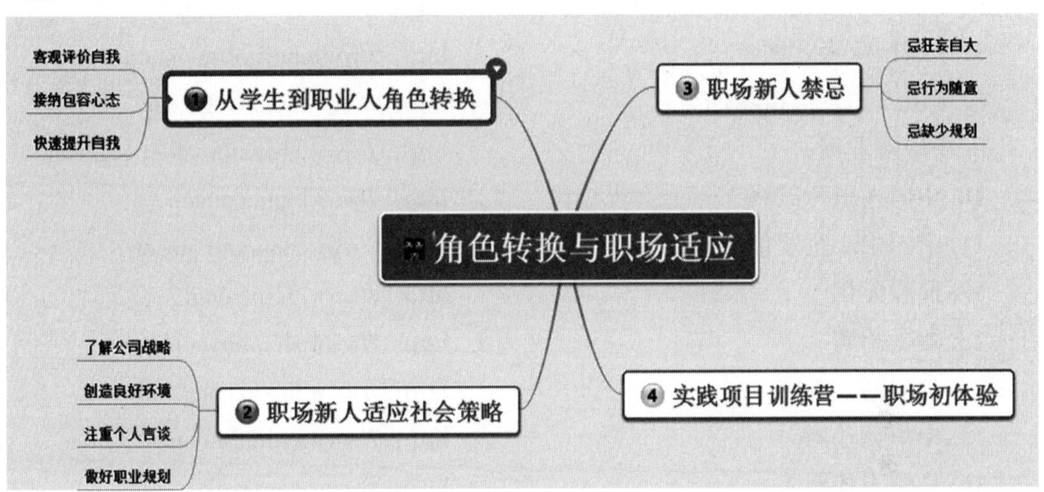

课后测验（扫码）

附　录

一、大学生求职网站大全

1. 应届毕业生求职网	http：//www.yjbys.com/
2. 实习僧	http：//www.shixiseng.com/
3. 梧桐果	http：//www.wutongguo.com/
4. 这一步	http：//www.zheyibu.com/
5. 中国公共招聘	http：//job.mohrss.gov.cn
6. 全国大学生就业服务立体化平台	http：//www.ncss.org.cn
7. 中国国家人才网	http：//www.newjobs.com.cn
8. 中国人力资源市场网	http：//www.labour168.com
9. 中国就业网	http：//www.chinajob.mohrss.gov.cn
10. 中国人事考试网	http：//www.cpta.com.cn
11. 中国中小企业信息网	http：//www.sme.miit.gov.cn
12. 前程无忧	http：//www.51job.com /
13. 智联招聘	http：//www.zhaopin.com/
14. 拉勾网	http：//www.lagou.com/
15. 中华英才网	http：//www.chinahr.com
16. 高校人才网	http：//www.gaoxiaojob.com/
17. 中国人才网	http：//www.cnjob.com/
18. 58 同城招聘频道	http：//www.58.com/job/

二、大学生求职必看的书籍

1.《读大学，究竟读什么》

本书全面地谈论了大学生在学习、生活、考研、留学、求职、就业等方面要注意的问题，观点新颖、全面、深刻、实用。

2.《大学不知道》

这本书适合那些对传统教育方式有异见的人，它关注的对象和问题根本不同。这是一本为另类求职者所写的有关生涯规划与求职的书。

3.《现在，发现你的优势》

这本书也是经典之作，它的核心观点在于，认为人们应该去识别天生才干，而不是尽力弥补弱点。但是在思路启发上是革命性的。

4.《做最好的自己》

本书由李开复创作而成，阐述如何运用“成功同心圆”法则选择自己的价值观，如何运用自己的智慧，“选择做一个融会中西的国际化人才”，最终说明“成功就是做最好的自己”。

5.《求职，从大一开始》

该书共包括如下几个方面的内容：职业规划篇、思想解放篇、社会实践篇、求职战略篇、求职战术篇。

6.《职场路线图》(资深 HRD 职场手记)

本书是国内首部资深人力资源总监透视职场的真实之作。作者汪激告诉你的不仅仅是顶尖的求职和升职智慧，且是贯穿职业成功之路的极具操作价值的职场行动指南。

三、高校毕业生就业创业政策百问之就业指导政策

1. 主要有哪些机构为高校毕业生提供就业服务？

(1) 公共就业和人才服务机构

由各级人力资源社会保障部门举办的公共就业和人才服务机构，为高校毕业生免费提供政策咨询、就业信息、职业指导、职业介绍、就业援助、就业与失业登记或求职登记等各项公共服务，按规定为登记失业高校毕业生免费提供人事档案管理等服务。为高校毕业生和用人单位搭建供需对接平台。

(2) 高校毕业生就业指导机构

目前，各省教育部门、各高校普遍建立了高校毕业生就业指导机构，为毕业生提供就业咨询、用人单位招聘及实习实训信息、求职技巧、职业生涯辅导、毕业生推荐、实习实践能力提升和就业手续办理等多项就业指导和服务。

(3) 职业中介机构

主要包括从事人力资源服务的经营性机构，政府鼓励各类职业中介机构为高校毕业生提供就业服务，对为登记失业高校毕业生提供服务并符合条件的职业中介机构按规定给予职业介绍补贴。

2. 职业中介机构如何享受职业介绍补贴？

按照《财政部、人力资源社会保障部关于进一步加强就业专项资金管理有关问题的通知》（财社〔2011〕64号）等文件规定，在工商行政部门登记注册的职业中介机构，可按经其就业服务后实际就业的登记失业人员人数向当地人力资源社会保障部门申请职业介绍补贴。

3. 高校毕业生获取就业信息的主要渠道有哪些？

（1）浏览各类就业信息网站，包括中央有关部门主办的全国性就业信息网站、地方有关部门主办的就业信息网站、各高校就业信息网站及校内bbs求职版面、其他专业性就业网站等。

（2）参加各类招聘和双向选择活动，包括国家有关部门、各地、学校、用人单位等相关机构组织的各类现场或网络招聘活动。

（3）参与校企合作实习，包括社会实践、毕业实习等活动。

（4）查阅媒体广告，如报纸、刊物、电台、电视台、视频媒体等。

（5）他人推荐，如导师、校友、亲友等。

（6）主动到单位求职自荐等。

4. 在校期间高校毕业生可以通过哪些途径提升就业能力？

在学好专业知识技能的同时，根据学校要求或安排，毕业生可以通过选修或必修就业指导课程、参与学校组织的就业实习、技巧辅导、模拟招聘等活动，学习和了解相关职业的资料和信息，充分借助社会实践平台，全面提升就业能力。

高校毕业生还可通过学校实施的毕业证书与职业资格证书“双证书”制度、组织到企业顶岗实习、参加人力资源社会保障部门认定的定点机构开展的职业技能培训等，切实增强自身的岗位适应能力与就业竞争力，促进职业素养的养成。

5. 困难家庭高校毕业生包括哪些毕业生？享受哪些帮扶政策？

困难家庭高校毕业生是指：来自城镇低保家庭、低保边缘户家庭、农村贫困家庭和残疾人家庭的普通高校毕业生。

各级机关考录公务员、事业单位招聘工作人员时，免收困难家庭高校毕业生的报名费和体检费。

为帮助困难家庭的高校毕业生求职就业，高校一般都会安排经费作为困难家庭毕业生的求职补助，或对已成功就业的困难家庭毕业生给予奖励。困难家庭的毕业生可向所在院系书面申请。学校也应根据平时掌握的情况，对困难家庭的毕业生给予主动帮助。

从2013年起，对享受城乡居民最低生活保障家庭、获得国家助学贷款的毕业年度内高校毕业生，可给予一次性求职创业补贴，补贴标准由各省级财政、人力资源社会保障部门会同有关部门根据当地实际制定，所需资金按规定列入就业专项资金支出范围。

6. 高校毕业生如何办理就业登记和失业登记？离校后未就业如何获得相应的就业指导和服务？

在法定劳动年龄内、有劳动能力和就业要求、处于无业状态的城镇常住人员，可以到常住地的公共就业服务机构进行失业登记。各地公共就业服务机构要为登记失业的各类人员提供均等化的政策咨询、职业指导、职业介绍等公共就业服务和普惠性就业政策，并逐步使外来劳动者与当地户籍人口享有同等的就业扶持政策。将《就业失业登记证》调整为《就业创业证》，免费发放，作为劳动者享受公共就业服务及就业扶持政策的凭证。有条件的地方可积极推动社会保障卡在就业领域的应用。

7. 离校未就业高校毕业生享受哪些服务和政策？

按照《国务院办公厅关于做好2013年全国普通高等学校毕业生就业工作的通知》(国办发〔2013〕35号）和《人力资源社会保障部关于实施离校未就业高校毕业生就业促进计划的通知》(人社部发〔2013〕41号）要求，为做好离校未就业高校毕业生就业工作，从2013年起实施离校未就业高校毕业生就业促进计划：

(1) 地方各级人社部门所属公共就业人才服务机构和基层公共就业服务平台要面向所有离校未就业高校毕业生（包括户籍不在本地的高校毕业生）开放，办理求职登记或失业登记手续，发放《就业创业证》，摸清就业服务需求，其中，直辖市为非本地户籍高校毕业生办理失业登记办法按现行规定执行；

(2) 对实名登记的所有未就业高校毕业生提供更具针对性的职业指导；

(3) 对有求职意愿的高校毕业生要及时提供就业信息；

(4) 对有创业意愿的高校毕业生，各地要纳入当地创业服务体系，提供政策咨询、项目开发、创业培训、融资服务、跟踪扶持等“一条龙”创业服务。及时提供就业信息；

(5) 要将零就业家庭、经济困难家庭、残疾等就业困难的未就业高校毕业生列为重点工作对象，提供“一对一”个性化就业帮扶，确保实现就业；

(6) 对有就业见习意愿的高校毕业生，各地要及时纳入就业见习工作对象范围，确保能够随时参加；

(7) 对有培训意愿的离校未就业高校毕业生，各地要结合其专业特点，组织参加职业培训和技能鉴定，按规定落实相关补贴政策；

(8) 地方各级公共就业人才服务机构要为离校未就业高校毕业生免费提供档案托管、人事代理、社会保险办理和接续等一系列服务，简化服务流程，提高服务效率；有条件的地方可对到小微企业就业的离校未就业高校毕业生，提供免费的人事劳动保障代理服务；

(9) 加大人力资源市场监管力度，严厉打击招聘过程中的欺诈行为，及时纠正性别歧视和其他各类就业歧视。加大劳动用工、缴纳社会保险费等方面的劳动保障监察力度，切实维护高校毕业生就业后的合法权益。

参考文献

[1] 钟永强：《大学生职业生涯规划与就业指导》，研究科技信息第5期，2010

[2] 汤福球：《大学生职业生涯规划与就业指导》，北京邮电大学出版社，2010.05

[3] 刘婧莉：《浅谈大学生职业生涯规划与就业指导》科教文汇第32期，2008

[4] 黄昌建：《大学生就业问题的对策》[J]，西南农业大学学报（社会科学版），2004

[5] 李富军：《大学生职业生涯规划与就业指导》，西北工业大学出版社，2010.03

[6] 李雪梅：《农业院校大学生就业全程化教育调查及对策思考》，西南农业大学学报，2004

[7] 王雪峰：《大学生以创业带动就业的分析及阐述》，企业改革与管理，2017

[8] 李小琼：《"互联网+"视域下大学生就业价值取向引导路径研究》，教育理论与实践，2017

[9] 王立奎：《关于大学生就业难的调查与思考》，中国就业，2017

[10] 许斌：《大学生就业中的思想政治教育研究》，科技经济导刊，2017

图书在版编目(CIP)数据

大学生就业指导 / 程秀清, 李文平主编. -- 北京 : 中国书籍出版社, 2019.9
ISBN 978-7-5068-7448-9

Ⅰ. ①大… Ⅱ. ①程… ②李… Ⅲ. ①大学生-就业-教材 Ⅳ. ①G647.38

中国版本图书馆 CIP 数据核字(2019)第 207443 号

大学生就业指导

程秀清　李文平　主编

责任编辑　禚　悦
责任印制　孙马飞　马　芝
封面设计　王昱雯
出版发行　中国书籍出版社
地　　址　北京市丰台区三路居路 97 号（邮编：100073）
电　　话　（010）52257143（总编室）　（010）52257140（发行部）
电子邮箱　eo@chinabp.com.cn
经　　销　全国新华书店
印　　刷　青岛环海瑞源印刷科技有限公司
开　　本　787 mm × 1092 mm　1 / 16
字　　数　240 千字
印　　张　12
版　　次　2020 年 11 月第 2 版　2022 年 9 月第 4 次印刷
书　　号　ISBN 978-7-5068-7448-9
定　　价　38.00 元